당신은 왜 나를 괴롭히는가

내 몸과 정신을 파괴하는 사람들을 끊어내는 법

당신은 왜 나를 괴롭히는가

초판 1쇄 발행 2019년 12월 20일
초판 2쇄 발행 2020년 1월 15일

지은이 에린 K. 레너드
옮긴이 박지선

책임편집 최보배
디자인 Aleph design

펴낸이 최현준·김소영
펴낸곳 빌리버튼
출판등록 제 2016-000166호
주소 서울시 마포구 양화로 15안길 3 201호(윤현빌딩)
전화 02-338-9271 | **팩스** 02-338-9272
메일 contents@billybutton.co.kr

ISBN 979-11-88545-75-9 03180

· 이 책은 저작권법에 따라 보호를 받는 저작물이므로 무단전재와 무단복제를 금합니다.
· 이 책의 내용을 사용하려면 반드시 저작권자와 빌리버튼의 서면 동의를 받아야 합니다.
· 책값은 뒤표지에 있습니다. 파본은 구입하신 서점에서 교환해 드립니다.
· 빌리버튼은 여러분의 소중한 이야기를 기다리고 있습니다.
  아이디어나 원고가 있으시면 언제든지 메일(contents@billybutton.co.kr)로 보내주세요.

이 도서의 국립중앙도서관 출판예정도서목록(CIP)은 서지정보유통지원시스템 홈페이지(http://seoji.nl.go.kr)와 국가자료공동목록시스템(http://www.nl.go.kr/kolisnet)에서 이용하실 수 있습니다.(CIP제어번호: CIP2019048937)

당신은 왜 나를 괴롭히는가

에린 K. 레너드 지음 | 박지선 옮김

내 몸과 정신을 파괴하는 사람들을 끊어내는 법
Emotional Terrorism

빌리버튼 billybutton

＊

당신의 아픔이 끝나길 바라며

오늘날 사람들은 폭언, 폭행, 괴롭힘, 따돌림 등 일상에서 목격되는 다양한 형태의 폭력에 노출되어 있다. 이런 신체적, 정서적 학대는 가정, 학교, 직장, 동네 등 어느 곳에서나 목격할 수 있다. 마음의 병, 정신의 질환이 이렇게 동시다발적으로 나타나는 시대는 드물다.

우리의 일상이 왜 이렇게 폭력에 노출되어 있을까? 이런 병적인 학대는 왜 나타나며, 왜 끊이지 않고 반복되는 것일까? 가정 폭력, 학교 폭력, 집단 괴롭힘은 정말 끊어낼 수 없는 것일까?

두 사람 이상 모여 있는 곳에서는 반드시 관계가 생겨나고, 인간관계가 있는 한 갈등과 대립은 일어날 수밖에 없다. 사람이 모이면 사랑과 협조와 평화가 깃들지만, 안타깝게도 우리는 그러지 못한 경우를 더 많이 경험하게 된다.

왜 우리는 서로 사랑할 수 있는데 미워할까? 왜 많은 사람이 타인에게 공감하지 못하는 무정한 인간으로 퇴화하고 마는 것일까?

이 책은 이런 물음에 대한 해답을 탐색하려 한다. 사랑과 믿음을 바탕으로 결혼한 배우자가 폭력을 휘두르는 원수로 바뀌는 이유, 우정과 우애를 나누어야 할 학교 친구가 인격을 파괴하는 악마로 뒤바뀌는 이유, 서로 돕고 성취감을 나누어야 할 직장 동료가 평범한 일상을 억압하는 지배자가 되는 이유를 알아본다. 우리는 삶의 곳곳에서 벌어지는 이런 불행한 사건의 뒤편에 얽힌 정서 학대의 흔적을 발견하게 될 것이다.

소중하게 대우받아야 할 우리의 감정이 타인에 의해 테러를 당하는 상황, 이것이 정서 학대의 비극이다. '차라리 맞는 게 낫다'고 생각이 드는 관계 속에서 살아간다고 상상해보자. 멍들고 피가 나는 것보다 더 절망적이 비참한 것은, 관계가 산산이 부서진다는 사실 때문에 마음이 얻어맞고 정신이 찢겨나가는 고통일 것이다. 때로 정서적, 심리적 학대는 신체적 학대보다 훨씬 고통이 심한 상처를 남긴다.

이 책은 '투사적 동일시'의 세계를 상세하게 소개한다. 투사적 동일시는 파괴적이고 공격적인 행동으로 표현될 가능성이 많다. 언어적, 신체적 폭력은 피해자(수용자)의 몸과 마음에 깊은 상처를 남긴다는 점에서 치명적이며, 더 심각한 점은 가해자(투사자)와 피해자가 의식하지 못하는 사이에 영향을 끼친다는 것이다.

투사적 동일시 역학이 최악의 형태로 드러나는 사례는 가정 폭력, 집단 괴롭힘, 자살, 총기 난사나 폭탄 테러 등

불특정 다수를 상대로 한 공격 등이다.

투사적 동일시 역학이 작용하는 관계에 갇혀 고통받는 희생자가 무수히 많다. 캄캄한 방에 홀로 남겨져 타인을 만나는 것이 두려워서 한 줄기 빛이 비치기만을 갈망하는 사람이 있다. 상처, 혼란, 무질서의 세계에서 소리조차 내지 못하고 오직 견디고만 있는 사람도 있다.

이러한 학대 유형은 아직 보편적으로 이해받지 못하기 때문에 피해자들이 쉬쉬하는 경우가 많다. 나는 그들이 목소리를 낼 수 있도록 상처, 혼란, 무질서의 세계를 탐구해 왔다.

투사와 투사적 동일시, 투사자와 수용자, 지배와 복종, 괴롭힘의 원인과 본질 등 이 책에서 살펴볼 인간관계의 모습들은 아쉽게도 우리가 현실에서 바라는 평화롭고 안전한 삶의 모습과는 다르고, 또 깊이 파고들어 탐구하기에 힘겨운 대상임이 분명하다.

그러나 분명히 길은 있다. 비참한 인간관계에서 벗어나

사랑과 배려가 넘치고 행복과 기쁨으로 가득한 관계를 다시 만들어낼 수 있다. 그러기 위해서는 이 괴롭힘이 어디에서 오고, 누가 조작해내는지 잘 알아야 한다.

괴롭힘은 투사적 동일시의 산물이다. 투사자가 투사적 동일시를 유도한다. 앞으로 자세히 살펴보겠지만, 투사적 동일시의 영향력은 극복할 수 없다. 이 역학을 끝내는 방법은 투사자를 차단하는 것뿐이다. 결국, 복잡하게 얽힌 이 싸움에서 이기는 방법은 투사자가 누구인지 제대로 가려내고, 그 사람에게 어떻게 대응해야 할지 전략을 세우는 것이 관건이다.

다른 사람에게 모멸감을 주고 다른 사람을 비난하고 괴롭히고 따돌릴 권리는 아무에게도 없다. 우리는 괴롭힘에서 벗어날 수 있다. 증오 대신 사랑을, 파괴 대신 도움을 주고받을 수 있다.

지난 세월 동안 나는 수많은 내담자를 만났다. 그들은 용기, 정직, 인간성에 대한 믿음을 보여주었다. 무엇보다 희망을 보여주었다. 지금 말 못 할 아픔을 견디고 있는 분들이 있다면, 그 고통이 끝나기를 간절히 바란다.

– 에린 K. 레너드

1장 │ 나를 괴롭히는
사람은 누구인가
투사와 투사적 동일시

2장 | 괴롭히는 사람과 괴롭힘당하는 사람

일상에서 겪는 투사적 동일시

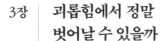

4장 | 잘못된 관계의 사슬을 끊어내라

내 인생을 망치는 유독한 인간관계 정리법

Emotional Terrorism

1장

나를 괴롭히는 사람은 누구인가

투사와 투사적 동일시

괴롭힘은 어떻게
작동하는가

프로이트가 제시한 '투사projection'라는 개념은 조금은 낯설다. 투사는 '자신이 받아들일 수 없는 충동, 욕망, 인격적 특징 등을 다른 사람에게 덮어씌워 그 사람이 그런 자질을 가지고 있다고 굳게 믿는 방어기제'를 말한다.

생각해보면, 우리는 대부분 삶의 어느 시점에 일종의 투사를 하게 되고 이에 죄책감을 느낀다. 이를테면 누군가가 자신을 좋아하지 않을까봐 너무 걱정이 되어서 그 사람을 좋아하지 않기로 마음먹는 식이다. 이렇게 하면 자신은 '거절당하는 사람'이 아니라 '거절하는 사람'이 되기 때문에 자아를 안전하게 보호할 수 있다. 투사적 동일시는 투사가 확장된 형태로서, 죄책감, 수치심, 분노, 질투를 유발하는 수많은 관계에 소리 없이 자리 잡고 있다.

투사적 동일시의 영향력을 이해하는 것은 매우 중요하다. 투사적 동일시는 인간관계를 망치는 것 이상의 해를 가할 수 있기 때문이다. 이 무의식적인 행동의 뿌리에 자리 잡은 핵심 정서는 증오다.

아무런 통제 없이 증오를 드러내도록 놔두면 엄청난 역기능과 피해를 초래할 수 있다. 이는 매우 강력해서 역사적으로는 집단 학살과 연관되며, 인종차별과 성차별을 비롯해 문화를 위협하는 여러 불명예스러운 사건의 원인이 되었다. 이렇게 강력한 심리적 수단이 인간관계에 스며들었을 때 어떤 영향을 미칠지 생각해보라. 이런 식의 정서적 공격은 혼란스럽고 파괴적인 결과를 초래한다.

투사 projection

죄의식, 열등감, 공격성, 수치심 등 받아들일 수 없는 자신의 기질이나 감정을 다른 사람에게 떠넘기는 방어기제. 무의식적인 수준에서 일어나며 개인의 영역에 머문다.

투사적 동일시 projective identification

투사가 확장된 형태로서, 한 개인이 투사를 이용해 상대방이 투사된 태도에 일치되는 행동을 하도록 유도하는 과정. 무의식적인 수준에서 일어나며 투사자와 수용자가 있어야 성립하는 상호적 인간관계. 핵심 정서는 증오이며, 단순히 인간관계를 망치는 것을 넘어서서 폭력을 일으키는 원인이 되기도 한다.

투사적 동일시의
세 가지 요소

투사적 동일시를 구성하는 세 가지 요소는 '투사자', '수용자', '투사자가 수용자에게 무의식중에 보내는 유해 요인'이다.

투사적 동일시의 역학을 구성하는 첫 번째 요소는 '투사자'다. 투사자는 투사적 동일시를 통해 수용자에게 공격성을 드러내고, 동시에 자신은 피해자 행세를 할 수 있다.

투사자는 자기 안에서 받아들일 수 없는 면을 발견하면 이 달갑지 않은 기질을 투사할 수용자를 무의식적으로 찾는다. 자신의 불안을 타인에게 내보내는 데 성공한 투사자는 안심하게 되고, 이제 관계에서 약점이 더 많은 쪽이 수용자라고 생각한다. 그리하여 투사자는 자신에 대한 잘못된 이상을 바탕으로 형성된 자아를 드러내며, 자신이 싫어하는 모든 점을 보여주는 수용자를 질책한다.

투사적 동일시의 두 번째 구성 요소는 '수용자'다. 수용자는 투사자가 끔찍하게 싫어하는 자신의 일부 기질을 담는 그릇과 같은 처지가 된다. 수용자는 대부분 자존감이 낮기 때문에 투사적 동일시에 취약하다. 그러나 수용자의 자존감이 너무 낮아서 고통을 받더라도 투사자의 자존감만큼 위태롭지는 않다는 사실에 주목해야 한다. 또, 수용자는 사람들의 기분을 잘 맞춰주고 지나치게 꼼꼼하다는 평을 많이 듣는다.

투사적 동일시의 세 번째 요소는 '투사자가 수용자에게

> **투사자** projector
>
> 자기 안에 받아들일 수 없는 면을 발견하고 그것을 다른 사람에게 투사하는 사람. 자신의 불안을 타인에게 내보낸 뒤에 안심하고, 잘못된 이상을 바탕으로 자아를 형성한다. 자신이 싫어하는 면을 보이는 수용자를 혐오하고 비하한다.
>
> **수용자** recipient
>
> 투사자가 싫어하는 자질을 받아들이는 사람. 대부분 자존감이 낮고, 스스로 무능하다고 여긴다. 투사자의 관심을 얻기 위해 투사자가 만든 잘못된 믿음에 굴복하여 투사적 동일시의 악순환에 빠지게 된다.

무의식중에 보내는 유해 요인'이다. 이 요인은 본래 투사자의 것이지만 투사자는 너무 수치스러워서 이를 받아들일 수 없다고 생각한다. 그래서 자아가 무너지지 않도록 자신을 괴롭히는 자질을 수용자에게 무의식적으로 전달한다. 원치 않는 자질을 다른 사람에게 넘기고 난 투사자는 자신이 비난하고 통제할 수 있는 위치에 수용자를 앉히는 데 성공한다.

사자가 먹잇감을 사냥하듯이 투사자는 수용자의 약한 면을 무의식적으로 감지하고 그에 이끌린다. 수용자가 걸려들도록 하려고 처음에는 매력을 발산하는 투사자는 자기 안의 해로운 부분을 수용자에게 전달하고 수용자는 부지불식간에 이를 받아들인다. 이러한 요인을 받아들임으로써 수용자는 불안을 느끼고, 그 사이에 투사자는 수용자를 적극적으로 망가뜨려서 자기 자존감을 높인다.

괴롭히는 아이와 괴롭힘당하는 아이

투사적 동일시는 교제하는 어른 간의 관계에서뿐만 아니라 부모와 자식, 직장 동료, 친구 사이는 물론이고 괴롭히고 괴롭힘당하는 아이들 사이에서도 찾아볼 수 있다.

놀이터에서 다른 아이를 괴롭히는 아이는 대단하고 힘 있는 사람으로 보이고 싶어한다. 괴롭힘당하는 아이는 대개 괴롭히는 아이를 두려워하고 스스로 나약하다고 느낀다. 그러나 내면을 들여다보면 실제로 불안해하는 쪽은 괴롭히는 아이다. 일부 사례에서 찾아볼 수 있듯이 괴롭힘당하는 아이가 자신을 지키고자 꿋꿋하게 맞설 경우 괴롭히는 아이는 대부분 물러난다. 괴롭히는 아이가 상대방을 수용자로 만드는 데 성공하지 못했기 때문이다. 이제 이들은 그 아이를 떠나 수용자로 삼기에 알맞은 다른 아이를 찾아나선다.

안타깝게도 방금 언급한 사례처럼 다행스러운 결말로 마무리되는 경우는 그리 많지 않다. 괴롭힘당하는 아이는 대부분 괴롭히는 아이가 자신에게 흥미를 잃도록 만드는 효과적인 방법을 모른다.

다음에 살펴볼 세 가지 사례는 미국 언론의 헤드라인을 장식한 충격적인 사건의 내용이다.

- 오하이오주에 살던 고등학교 3학년 제시카 로건(1990~2008)은 몇 달에 걸친 괴롭힘을 견디다 못해 스스로 목숨을 끊었다. 제시카는 사귀던 남자친구에게 보낸 자극적인 사진이 유포된 뒤로 성적으로 비하하는 욕을 계속 들었다. 헤어진 남자친구가 그 사진을 반 친구들에게 보낸 것이다. 괴롭힘을 견딜 수 없었던 제시카는 자기

방 벽장에서 옷걸이로 목을 맸다.

● 대학 신입생이자 신인 바이올리니스트 타일러 클레멘타인(1992~2010)은 괴롭힘당한 뒤에 조지 워싱턴 다리에서 투신했다. 기숙사에서 알게 된 친구 둘이 타일러가 다른 남자와 성관계하는 장면을 촬영해 인터넷에 올렸다. 영상을 촬영한 이들이 타일러의 사생활에 그토록 관심을 가진 이유는 그들 내면의 불안 때문일 수 있다.

● 아칸소주에 사는 열두 살 소녀 사라 린 버틀러(1997~2009)는 몇 달 동안 괴롭힘당한 끝에 스스로 목숨을 끊었다. 사라는 "넌 금세 잊혀질 거야. 너처럼 멍청하고 하찮고 모자란 애를 아무도 그리워하지 않을 거야"라는 메시지를 보고 목을 맸다. 다시 말하지만 동급생에게 이렇게 증오에 찬 말을 한 아이는 자기 내면 어두운 곳의 불안을 사라에게 투사했다고 추측할 수 있다.

이는 투사적 동일시가 초래한 치명적인 결과의 일부에

지나지 않는다. 영국에서 실시한 조사에 따르면 청소년 자살의 절반 이상이 괴롭힘과 관련되어 있다. 〈ABC 뉴스〉의 조사에 따르면 30퍼센트에 달하는 학생들이 괴롭힘 가해자이거나 피해자이며 괴롭힘 때문에 매일 학교에 가지 않고 집에 있는 아이들이 16만 명이다.

투사자와 수용자가 하는 행동의 특징을 제대로 파악하는 법을 배우면 이렇게 널리 퍼진 비극을 줄이는 데 도움이 된다. 아이들은 투사자의 희생양이 되지 않기 위해 자신을 지키는 방법을 배워야 한다. 나아가, 아이들에게 자기 내면의 약점을 건강한 방식으로 다루고 받아들이는 방법을 가르쳐 투사자가 되지 않도록 하는 일이 더 중요하다.

괴롭히는 사람(투사자)은 함께 수용자를 망가뜨릴 사람들을 추가로 찾아내는 것을 목표로 삼는 경우가 많다. 이들이 흔히 쓰는 수법은 수용자에게 굴욕을 주고 수용자의 평판을 망치기 위해 사실을 왜곡하는 것이다.

수용자를 함께 괴롭히는 집단을 만들면 투사자는 효과적으로 자아를 만족시킬 수 있으며 수용자를 망가뜨리는 일이 정당하고 그 일을 계속해야 한다고 믿게 된다. 가해자는 자신이 만든 집단이 수적으로 우세하기 때문에 힘 있는 위치에 있다고 생각하고 자기 명분이 훌륭하다고 여긴다.

어른 사이에서 나타나는
투사적 동일시

아이들 간의 괴롭힘에서는 투사적 동일시가 뚜렷하게 드러나지만 어른 사이에서는 이 역학이 더욱 복잡해진다. 투사적 동일시가 발생한 여느 관계와 마찬가지로 어른 간의 관계에서도 고통받는 쪽은 대부분 수용자다.

수용자는 투사자에 비해 자신이 부족하다고 지속적으로 느끼고 투사자의 요구를 들어주려고 스스로 설득하는 경우가 많다. 투사자를 기쁘게 하고 싶어하는 욕구 때문에 겉으로는 비하와 모욕을 견디는 것처럼 보일 수 있다. 이때 수용자는 자신이 무능하다는 믿음에 굴복하여 주로 수동적인 성향을 보인다.

이렇게 되면 수용자는 자존감을 잃고 자기 능력에 자신이 없어져서 실수를 더 많이 한다. 그 결과 자신감 없이 행동하게 된 수용자는 투사자의 주관적인 의견이 틀림없는 사실이라고 믿게 되고, 투사적 동일시 역학은 지속된다.

관계 역학이 계속 이런 식으로 순환하면 수용자는 점점 불안해진다. 매우 유능하고 성공한 사람들조차 잘못된 믿음에 빠지면 스스로 부족하다고 여기며 그런 대접을 받아 마땅하다고 믿는다. 그러면 수용자는 자신에게 투사자가 필요하다는 믿음에 빠지게 되어 의존적이고 복종하는 역할을 하게 된다. 결과적으로 이러한 악순환은 반복된다.

이렇게 관계가 제대로 기능하지 못하면 대개 가정 폭력이 발생한다. 박사, 변호사, 판사, 의사를 비롯해 상당히 성공한 사람들도 어느새 이러한 역학에 손쓸 수 없을 정도로 사로잡힌다.

수용자가 이 이상한 관계에서 벗어나려고 하면 상황이 악화하는 경우도 있다. 투사자는 투사할 상대를 잃는다는 끔찍한 상실감으로 괴로워한다. 자신이 힘 있고 심리적으로 균형 잡힌 사람이라는 것을 입증하느라 수용자에게 심하게 의존하게 되었기 때문이다.

수용자가 없으면 투사자는 원래 싫어하던 자신의 자질을 직접 드러내기 시작한다. 자신이 만들어낸 힘의 관계를 필사적으로 유지하고 싶어하는 투사자는 극심한 공포에 빠지고 자아가 완전히 망가지는 경우도 있다.

가정 폭력에 시달리던 루시 문디아와 그녀의 딸 셜리가 겪은 끔찍한 사건은 앞서 말한 내용을 잘 보여준다.

루시는 에드워드 음와우라와 몇 년 동안 함께 살았지만 관계를 끝내려 했다. 당시 그들의 딸 셜리는 일곱 살이었다. 에드워드는 인디애나주 사우스벤드South Bend에 있는 루시의 집에 쳐들어가 아이를 칼로 찌르려 했다. 어떤 이웃이 루시의 비명을 들었다.

"그가 내 딸을 죽이려고 해요!"

이웃 남자가 루시의 현관문 앞에 갔을 때 그녀는 심각한 부상을 입은 뒤였다. 이웃은 그녀를 부축해 대문 밖으로 나왔다. 그때 여자아이 비명소리가 들렸다. 이웃 남자는 비명소리가 들리는 집 옆쪽으로 가서 창문으로 집안을 들여다보았고 셜리를 보았다. 일곱 살 난 아이는 침대에 앉아 비명을 지르며 울고 있었다.

"아빠, 아빠!"

긴급전화 911 직원은 이웃에게 경찰이 출동했으니 그 집에서 도망치라고 했다. 그렇게 하려던 찰나 이웃은 픽 소리를 두 번 들었다. 다시 셜리를 보았을 때 아이는 제 아버지의 손에 목숨을 잃은 뒤였다.

이 비극적인 사건은 투사적 동일시가, 그리고 투사자가 자기 영향력을 과시하려고 이용하던 수용자를 잃었을 때 느끼는 심리적 불안이 어느 정도 파급력을 미칠 수 있는지 잘 보여준다. 이 정도로 불안한 정신이 분노와 결합하여 수용자나 주위 사람을 향할 경우 아주 위험하며 죽음까지 초래하는 결과를 낳을 수 있다.

투사자는 수용자를 파괴하지 못할 경우에 그 사람과 가장 가까운 대상을 공격한다. 셜리도 어머니 루시와 마찬가지로 에드워드의 수용자였을 가능성이 높다.

변호사와 사법 당국에 따르면 가정 폭력 피해자들에게 탈출구를 찾는 일은 매우 중요하다. 2005년 미국연방수사국FBI의 집계 결과 여성 1,181명과 남성 329명이 교제 상대에게 살해되었고 이 숫자는 꾸준히 증가하고 있다.

가정 폭력은 가장 극단적인 투사적 동일시지만 본질이 심각하고 피해자가 증가하고 있으므로 투사적 동일시 같은 역기능이 있는지 모든 관계를 반드시 살펴보아야 한다.

인간관계에서 나타나는
투사적 동일시

투사적 동일시는 관계 내에서 진행되는 상황과 방식에 따라 폭력을 동반할 수 있다. 그러나 부부나 친구 사이에 실질적인 물리적 폭력이 없더라도 관계에 폭력적인 투사적 동일시가 교묘하게 자리 잡아 잘 감지되지 않기도 한다.

증오는 투사자가 수용자를 혐오하는 형태로 나타난다. 이는 주로 수용자를 비하하거나 업신여기는 말로 전달된다. 의사소통은 동등한 대화라기보다 요구와 비난의 형태를 띤다. 바로 이 단계에서 조롱과 괴롭힘이 발생할 수 있다. 한때 악의 없고 유머러스하다고 느껴지던 것들에 이제는 상대를 깎아내리는 의도와 악의가 가득하다. 수용자의 본질을 깎아내리는 우월한 위치에 있는 사람(투사자)은 불평과 비꼬는 말을 일상적으로 쏟아낸다.

부부간에 나타나는 투사적 동일시

투사자는 수용자의 성공에 위협을 느끼는 경우가 많기 때문에 수용자의 성과를 깎아내린다. 예컨대 배우자가 재취업에 성공하여 첫 출근을 하고 온 날, "수고했다"는 말 대신 비아냥거리며 배우자를 심적으로 힘들게 한다.

투사자는 수용자의 성공뿐만 아니라 외부 관계에도 위협을 느끼는 경우가 많다. 이때에도 투사자는 꼬치꼬치 따지며 욕을 한다. 수용자를 비롯하여 그의 친구들에게도 욕을 하고, 조롱하듯이 이야기한다. 이는 수용자에게 그 친구들이 어울리기에 격이 떨어지는 사람이라는 확신을 주기 위해 투사자가 흔히 사용하는 방법이다. 수용자는 모욕을 당하기보다는 존중받고 싶어하기 때문에 투사자의 이런 의견에 쉽게 수긍한다.

이와 반대로 투사자가 수용자에 대한 정보를 캐내려고 수용자의 친구들에게 연락할 수도 있다. 본질적으로 편집증 기질이 있는 투사자는 그렇게 수집한 정보를 수용자에게 불리하게 이용함으로써 수용자를 지배한다는 기분을 계속 느낄 수 있다.

부족한 공감 능력도 수용자를 향한 투사자의 혐오를 보여주는 대표적인 예다. 수용자가 아프거나 다치면 투사자는 수용자 탓인 양 행동하는 경우가 많다. 투사자는 상대를 도와주기는커녕 다치거나 아파도 싸다는 식으로 대한다.

이런 식의 비난은 관계에서 지속적으로 발생한다. 투사자는 자기 삶이나 관계에서 뭐든 잘못되기만 하면 수용자를 비난할 구실을 찾는다. 이렇게 되면 투사자는 친구나 지인에게 수용자에 대한 불만을 늘어놓기도 한다. 투사자의 목적은 그들을 자기편으로 만들어 수용자에 대한 지배력을 강화하는 것이기 때문이다.

수용자를 대하거나 수용자와 소통할 때 투사자가 사용하는 방법 중 가장 끔찍한 사례는 자녀 앞에서 수용자를 부당하게 대하는 일이다. 거친 말을 하거나 고약한 표정을 지어 수용자에게 모욕을 주거나 수용자의 존재 자체를 무시하기까지 하는 행동은 관계에서 수용자가 더 못났고 투사자가 '우두머리'라는 생각을 자녀에게 심어준다.

이러한 역학은 자녀에게 수용자를 무시하고 깎아내리라고 가르쳐 가족 내에서 수용자의 위치를 또 다시 낮춘다. 수용자가 항변하여 무시당하기를 거부하면 논쟁이 따르는데 대부분의 수용자는 자녀를 위해 이런 상황을 피하고 싶어한다. 그러나 수용자가 꿋꿋하게 맞서기로 결심하면 투사자는 이를 기회 삼아 자녀 앞에서 수용자를 미쳤거나 자제력 없는 사람으로 몰아세운다.

투사자는 기회만 있으면 수용자를 직·간접적으로 공격

한다. 수용자와 관련된 모든 일에 참여하기를 거부하는 것도 공격에 해당한다.

예를 들면 투사자는 수용자의 직장에서 열리는 파티나 체육대회 같은 행사에 가지 않는 경우가 많다. 너무 바쁘다는 핑계를 대지만 속내를 살펴보면 그런 곳에 가기에는 자신이 너무 중요한 사람이라고 생각한다.

남성 투사자는 여성 수용자에게 성차별적이고 여성 혐오적인 발언을 자주 한다. 수용자가 운동선수라면 투사자는 다른 선수들의 면전에서 그들을 깎아내리는 말을 할 것이다.

성적 수치심을 주는
대상화

남녀 모두 투사자와 수용자가 될 수 있으나 남성 투사자가 여성 수용자를 모욕하는 가장 손쉬운 방법은 성관계를 통해서다. 이들은 주로 성관계가 자기 권리라는 듯이, 수용자가 마땅히 요구에 응해야 한다는 듯이 성관계를 요구한다. 성적 수치심을 주는 말을 많이 하는데 대부분 악의가 깔려 있다.

일레인은 6년 동안 결혼 생활을 했다. 어느 날 상담 중에 그녀는 남편이 보낸 일부 문자메시지에 드러나는 극단적인 모습이 두렵다고 말했다. 일례로 어느 날 저녁 그녀가 부모님 댁에 있을 때 남편이 "당신이 잠자리에서 어떻게 하는지 이야기하면 당신 아버지와 오빠는 분명 날 싫어하겠지"라는 문자메시지를 보냈다. 상담 시간에 문자메시지 이야기를 한 뒤에야 일레인은 그 메시지가 성적 모욕이자 구역질나는 공격이라는 사실을 깨달았다.

또 다른 예를 살펴보자. 의사였던 일레인은 남편의 동료 외과의사가 연 파티에 함께 참석했다. 그 자리에서 그녀는 우연히 옛 동료 부부를 만났고 낯익은 얼굴을 보게 되어 기분이 좋았다. 파티에서 일레인이 아는 사람을 만나 이야기를 나눈 데 화가 난 남편은 친구들과 이야기를 나누는 그녀 뒤로 다가가 사람들 앞에서 가슴을 더듬더니 집에 가서 어떻게 성관계를 할지 큰 소리로 자세히 설명했다. 당황하고 수치심을 느낀 일레인은 그 말을 농담으로 받아 웃을 수밖에 없었다.

또 다른 내담자 몰리도 투사자인 남편과 살고 있었다. 남편은 며칠 동안 말도 안 하고 지냈는데도 자주 그녀의 몸을 더듬고 성관계를 요구했다. 아홉 살 난 딸 앞에서도 서슴지 않고 몰리를 농락했다.

어느 날 몰리는 은행에 가서 돈을 찾아 공과금을 낼 계획이었다. 그러나 샤워를 하고 목욕 가운을 입은 그녀에게 남편이 재빨리 다가왔다. 그는 가운 속 가슴 사이에 돈을 찔러 넣으려 했다. 이에 몰리는 남편이 자신을 스트리퍼나 매춘부 취급하며 돈과 성관계를 이용해 물건 취급하려 했다는 생각에 크게 좌절하고 상심했다. 결국 그녀는 이혼 소송을 제기하기로 마음먹었다.

이러한 비하의 뿌리에는 대상화objectification가 있다. 사회 심리학에서는 '한 사람의 존엄성을 무시하고 그 사람을 물건처럼 대하는 것'을 대상화라고 정의한다.

투사자는 배우자를 물건이나 소유물로 대하고 그중에서도 그저 성적 만족을 충족하는 수단으로 삼는 경우가 가장 많다. 이들은 수용자의 외모 같은 피상적 특징을 칭찬하지만 수용자에게 인간적인 특징이나 존엄성을 부여하는 특징은 칭찬하지 않는다. 이를테면 투사자는 배우자에게 "당신 머릿결이 좋아"라거나 "섹시해보이는데"라는 말은 하지만 "당신은 똑똑하고 열정 넘치는 사람이야" 같은 말은 하지 않는다.

친구들 사이의
투사적 동일시

대인관계에서 발생하는 투사적 동일시는 친구들 사이에서도 나타날 수 있다. 처음에는 똑똑하고 카리스마 있고 매력적으로 보이는 투사자는 교류 대상을 무의식적으로 찾아다니는 수용자를 쉽게 낚는다. 수용자는 투사자의 관심과 유머에 쉽게 우쭐해진다. 다른 사람이 자신에게 관심을 갖는다는 사실에 감사하기도 하면서 그 관계에 기꺼이 자신을 쏟아붓는다.

그러나 두 사람은 자신들도 모르는 사이에 무의식적인 약속을 맺는다. 일반적으로 투사자가 '사장', 수용자가 '직원'이 된다. 투사자가 요구하는 대로 수용자가 행하는 한 우정은 지속된다.

대개 수용자를 향한 투사자의 요구에는 그의 편을 들어 다른 수용자를 공격하는 일이 포함된다. 수용자가 다른 수용자를 함께 괴롭히기를 거절하면 투사자는 조용히 분노하고 다른 수용자들과 합심하여 거절한 수용자를 공격하려 한다. 심술궂은 중학생이나 할 법한 짓이다. 무리에서 배척당하는 것이 두려운 수용자는 때로 화를 면하려고 투사자의 행동에 동조하기도 한다.

오늘날 미국 문화에서 흔히 볼 수 있는 어른들 간의 괴롭힘도 마찬가지다. 그중에는 자신의 언행을 의식하지 못한 채 자녀들을 이런 식으로 괴롭히는 이들도 있다. 그러나 자녀가 다른 사람에게 괴롭힘을 당하면 자기가 했던 행동은 깨닫지도 못한 채 부당한 상황에 분노한다.

관계에서 정서 학대를 당하고 있는가?

당신이 다음 항목에서 하나 이상 해당한다면 파트너에게 정서 학대를 당하고 있을 확률이 높다. 여기서 '파트너'란 배우자, 친구, 연인, 직장 동료 등 당신이 관계를 맺고 있는 상대방을 말한다. 당신은 일상적이고 흔한 일이라고 생각하기 쉽겠지만 다음 항목에서 묘사한 경우에 해당한다면 당신과 파트너와의 관계를 신중하고 진지하게 고려해보아야 한다.

1. 파트너의 반응이 두려워서 당신이 한 실수를 숨기는가?

2. 파트너가 명령조로 말하거나 비하하는 태도로 말하는가?

3. 파트너가 당신에게 용건이 있을 때에만 말을 거는가? 그러고 나서 전화, 이메일, 문자메시지로 안 좋은 말을 보내 당신을 괴롭히는가?

4. 파트너가 당신에게 비꼬는 말이나 빈정대는 말을 지속적으로 하는가?

5. 파트너가 당신의 친구와 가족을 비하하는가?

6. 파트너가 당신을 물건 취급하는가?

7. 파트너가 당신을 무능하다고 생각하며 당신도 그렇게 믿게 만들려고 하는가? 그런 다음 무능함을 이유로 온갖 권한을 차지하려 하는가?

8. 집안에 문제가 생기면 파트너가 계속 당신을 탓하고 면박을 주는가?

9. 파트너가 당신의 친구와 가족을 자기편으로 만들려고 그들에게 끊임없이 당신 험담을 하는가?

10. 당신을 공격하지 않을 때는 파트너가 피해자 행세를 하는가?

11. 파트너의 성격이 지킬 박사와 하이드 씨 같은 유형인가? 집에서는 공격적인 말을 일삼지만 직장에서나 이웃이나 친구를 대할 때에는 매력적이고 친절한가?(이는 파트너가 사람들을 자기편으로 만들어 당신을 공격하려 할 때 유리하게 작용한다)

12. 파트너의 감정 기복이 심한가?

13. 파트너가 자기 자존감을 세워주는 사람들을 이용하기만 하는가?

14. 특권이 불평등하게 분배되어 있는가?

투사자:
자신의 부족과 결핍을
남에게 떠넘기는 사람

어떤 사람이 투사자가 될까? 수용자는 어떻게 수용자가
되어가는가? 투사자를 나쁜 사람으로만 보기 쉽지만 손뼉
도 마주쳐야 소리가 난다는 사실을 기억하자. 수용자가 없
으면 투사자는 투사할 수 없고, 투사자가 없으면 수용자는
수용하지 못한다.

결혼 생활, 연인 관계, 친구와 가족 관계, 상사와 부하직

원, 동료 관계 등 모든 인간관계가 늘 평온하려면 인간을 향한 이런 유형의 증오가 어떻게 지속되는지를 반드시 이해해야 한다.

성격장애자의
특성들

투사자는 진단을 받지 않았을지라도 성격장애인 경우가 많다. 성격장애에는 경계성, 연극성, 자기애성, 의존성, 반사회성 등이 포함된다. 이와 같은 여러 유형의 성격장애는 겉으로는 모두 달라 보인다. 예컨대 자기애성 성격장애가 있는 사람은 허영심이 매우 강하고 연극성 성격장애가 있는 사람은 과장이 매우 심하다. 그러나 이들 성격장애의 근원적인 특성은 모두 같다.

그 특성 중 하나가 통찰력 부족인데 이 때문에 성격장애가 있는 사람들은 스스로 책임질 수 없다. 이들은 자신이 지배할 수 있는 수용자와 맺은 관계가 아니라면 관계를 계속 끊어내는 성향도 보인다.

정서와 기분을 통제하는 능력이 떨어지고 매사를 기분 나쁘게 받아들이는 취약함도 투사자의 특징이다. 자신에게만 깊이 몰입하고 다른 사람에 대한 공감 능력이 부족한 경우가 많으며 절박한 상황에 몰리면 피해자 행세를 한다. 이렇게 함으로써 자신을 동정하고 다른 사람을 끌어들여 수용자를 괴롭힌다.

비난을 표면화하는 것은 그들이 스스로 책임지지 않으려고 할 때 사용하는 방법이다. 관계를 단절하는 성향은 분리splitting라는 심리기제인데 성격장애, 특히 경계성 성격장애가 있는 사람들에게 흔히 나타난다. 이들의 자기감각 sense of self은 망가지기 쉽기 때문에 이들은 나쁜 자기 이미지를 견디지 못하고 나쁜 자기 이미지와 좋은 자기 이미지를 통합하지도 못한다. 이들은 자신이 완전무결하게 바르고 훌륭하다고만 인식하는데 이를 통해 자존감을 보호한다. 이러한 인식에 동의하거나 순응하지 않는 사람은 모두 깎아내리고 거부한다.

이러한 분리 방어기제는 다른 사람에게도 적용된다. 투사자는 자신은 물론이고 다른 사람의 나쁜 점과 좋은 점도 통합하지 못한다. 따라서 이들은 흑백 논리의 관점에서 사람을 인식하여 이상화하거나 깎아내린다. 이상화한 사람과 함께 있을 때 투사자는 겸손하고 순종적으로 행동하지만, 가치를 낮게 본 사람과 소통할 때에는 끝없이 괴롭히는 불량배가 된다. 그리하여 투사자에게 지킬 박사와 하이드 같은 유형의 성격이 형성된다.

투사자는 직장이나 사회에서 보이는 것과 전혀 다른 성격을 보이기도 한다. 이들과 수용자의 소통은 비하가 주를 이루지만 실제로는 투사자가 수용자를 이상화했을 수도 있다. 이처럼 전부 좋다고 이상화하거나 전부 나쁘다고 깎아내리거나 둘 중 하나를 택해 극단적으로 사람을 인식하는 것은 성격장애가 있는 사람의 또 다른 성향이다.

초반에 투사자는 평소의 부정적인 모습과 정반대로 행동하기 때문에 대부분의 수용자는 자신을 치켜세우는 투사자의 언행에 속는다. 그러나 누군가를 전부 좋거나 전부 나쁘다는 식으로 인식하는 것은 본질적으로 그 사람의 인간성을 파괴한다.

투사자가 양 극단을 변덕스럽게 왔다 갔다 하는 동안 수용자는 인간으로서의 본질을 빼앗긴다. 이때 수용자는 인간을 뛰어넘는 존재나 인간 이하의 존재 둘 중 하나가 될 뿐 결코 인간이 되지 못한다. 인간을 뛰어넘는 존재로 인식되는 수용자는 어쩔 수 없이 실패했을 때 실망감을 안겨줄 수밖에 없다. 인간 이하의 존재로 인식되는 수용자는 가치가 없는 사람이 되고 지배당하거나 벌 받아야 하는 대상이 된다.

투사자는 주로 관계 초반에는 수용자를 이상화하지만 관계가 굳건해지면 서서히 그들을 깎아내린다. 일레인의 예를 살펴보자.

그녀의 남편은 관계 초반에 "당신은 의사야. 저 사람들은 당신을 위해서 일해" 같은 말을 했다. 그러나 관계가 진전되자 "당신이 왜 일을 하는지 모르겠군. 돈도 제대로 못 벌잖아"라거나 "당신이 저 정신 나간 사람들이랑 일하는 이유는 당신도 똑같기 때문이야" 같은 말을 했다.

투사자는 수용자를 관계에 끌어들이려고 이상화를 사용한 다음 그들이 떠나지 못하게 하려고 투사적 동일시를 동원한다.

투사자는 자기 기분과 정서를 조절하지 못하기 때문에 쉽게 흥분하고 감정 기복이 심하다. 이들은 잠깐 사이에도 사랑과 증오의 상태를 넘나들 수 있다.

13년 동안 투사자와 결혼 생활을 한 돈Don의 사례가 이를 잘 보여준다. 그는 아내에게서 앞으로 그와 절대 말하지 않을 것이며 그의 이메일을 차단하겠다는 분노에 가득 찬 장문의 이메일을 받았다. 그러나 두 시간 뒤에 아내에게서 다시 이메일이 왔다. 집에 가면 개를 풀어주라고 차분하게 부탁하는 내용이었다.

일레인은 남편에게서 "좋은 하루 보내"라는 문자메시지를 받았지만 15분 뒤에 "제기랄!"이라는 화가 가득한 문자메시지를 받았다. 이런 행동 유형은 성격장애의 본질 때문에 지속된다.

이게 다
당신을 위해서야

성격장애가 있는 사람은 통찰력이 부족하고 자기 언행에 책임을 지지 못한다. 권리의식에 빠진 이들은 대부분의 일은 다른 사람의 잘못이고, 수용자가 더 나은 사람이 되도록 가르치려는 자신의 욕구가 정당하다고 생각한다. 이들은 파트너를 나쁘게 여기고 지배와 훈육이 필요하다고 생각한다.

수용자의 성격에서 지배해야 할 나쁜 점을 찾아내지 못하면, 그 달갑지 않은 자질은 투사자에게 고스란히 남는다. 그러면 이들은 불안해지고 정서적 균형이 깨지며 스스로를 통제하려고 약물을 남용하기까지 한다. 따라서 수용자를 지배하는 일은 무의식중에 이들에게 가장 중요한 일이 된다. 그래야 심리적으로 자신을 지킬 수 있기 때문이다.

성격장애, 그중에서도 반사회성 성격장애 분야의 저명한 학자 스탠튼 세메나우Stanton Samenow는 '피해자 입장the victim stance'이라고 지칭한 현상을 최초로 규명했다. 이는 성격장애가 있는 거의 모든 사람에게 나타난다. 앞서 말했듯이 스스로 책임지고 자신을 탓하는 일은 이들에게 너무 어렵기 때문이다.

성격장애가 있는 사람들은 스스로 책임지지 않으려고 자신이 불이익을 받은 것처럼 상황을 교묘하게 조작하는 경우가 많다. 부부 상담을 하다 보면 "어쨌든 다 당신을 위해서 한 일인데 어떻게 나한테 이럴 수 있어?"라고 하는 말을 자주 듣는다. 이 말에는 주로 과장된 흐느낌과 화난 어조가 따른다. 투사자는 자신을 위해서만 노력했음에도 모든 일을 수용자를 위해서 했다고 꼬집어 말한다. 출세에 사로잡힌 남편이 아내에게 소홀하면서 "이게 다 당신을 위해서 한 일이야"라고 말하는 식이다.

수용자가 아닌 사람이 들으면 웃기는 주장이라는 것을 알지만 수용자는 이 말을 들으면 교묘한 작전에 넘어가 이내 죄책감을 느낀다. 두 사람의 상황을 다른 사람에게 이야기하며 투사자를 두둔하고 그에게 감히 문제를 제기한 자신의 명청함을 탓하는 경우도 많다.

공감할 줄
모르는 사람들

투사자는 수용자와 공감하는 능력이 매우 부족하다. 이들은 수용자를 결점 많은 인간 이하의 존재로 인식한다. 수용자는 소유물이나 물건으로 여겨지며 실제로 그런 대접을 받는다. 특히 의존성 성격장애가 있는 투사자는 수용자를 자신이 원하는 것을 들어줄 의무가 있는 하인으로 취급한다. 투사자는 자기 요구가 수용자의 삶에서 다른 의무보다 우선한다고 믿는다. 이는 성관계에도 적용된다.

투사자는 수용자를 성적 만족을 주는 도구로 취급하고, 도구로 대상화한 수용자를 감정이나 정서가 없는 존재처럼 다룬다. 투사자는 어떤 상황에서도 수용자가 느끼는 감정과 상관없이 성관계를 요구할 권리가 자신에게 있다고 생각한다.

상대방의 성적 만족을 위한 도구로 취급당한 수용자는 모멸감을 느낀다. 따라서 수용자는 상대방과 성관계를 하는 데 관심이 완전히 사라진다. 그러나 투사자는 수용자에게 성관계를 강요할 방법을 끝끝내 찾아낸다. 이들은 수용자가 원하든 원치 않든 자기 성욕만을 채운다. 집단상담에 참여한 내담자에게 "어떻게 자신과 하고 싶어하지 않는 사람과 성관계를 하고 싶어하죠?"라는 질문을 자주 받는다. 그 답은 간단하다. 투사자는 자신이 수용자보다 훨씬 가치 있는 사람이라고 믿기 때문에 수용자의 감정이나 인격보다 자신의 바람, 요구, 욕망이 우선한다.

일레인은 남편과 함께 주말에 아이들을 데리고 인디애나폴리스에 갔다. 가족 여행은 드문 일이었기에 그녀는 꽤 설렜다. 안타깝게도 도착 첫날 밤에 일레인은 독감에 걸렸다. 몇 시간 동안 5분마다 화장실로 달려가 구토했다.

새벽 4시에 변기 앞에 무릎 꿇고 앉아 토하려던 그녀는 잠옷 무릎이 따뜻하고 축축해진 느낌이 들었다. 곧 그녀는 고여 있던 소변 위에 무릎 꿇었다는 것을 알았다. 자다가 깬 남편이 욕실 바닥에 소변을 본 것이다.

너무 아프고 기운 없어서 옷을 갈아입을 수도 없었던 일레인은 남편의 소변에 젖은 잠옷을 입은 채 침대로 돌아갔다. 그녀가 가장 약해진 상황에서도 자신의 부주의가 아내에게 어떤 영향을 끼칠지 무신경한 남편이 놀랍지도 않았다.

트라우마에
갇힌 사람들

'다른 사람의 감정보다 내 감정이 더 중요하다'라고 믿는 것은 성격장애를 가진 사람의 또 다른 특징이다. 성격장애는 대개 영아기나 유아기에 발생하는데 정신적 외상trauma 때문인 경우도 있다. 정신적 외상에는 주 애착 대상과 갑작스럽게 오래 분리된 경험, 성적으로나 신체적으로 학대당한 경험, 방치된 경험, 부모를 잃은 경험 등이 포함된다. 유아기에 심한 수치심을 지속적으로 느끼면 아이는 이 견딜 수 없는 감정에 대응하려고 방어기제를 발달시킬 수밖에 없다.

모든 종류의 정신적 외상은 심한 수치심을 유발할 수 있는데 이때 아이가 취하는 첫 번째 심리적 입장은 비난을 내면화하는 것이다. 예컨대 부모가 이혼하면 아이는 대부분 자기 때문이라고 생각한다. 이는 상담 도중 "내가 장난감을 잘 치우고 여동생과 착하게 지냈으면 엄마랑 아빠는 계속 함께 지냈을 거예요" 같은 말로 드러난다. 신체적으로 학대당한 아이들은 "내가 엄마 말을 잘 들었다면 엄마가 나한테 뜨거운 걸 갖다대지 않았을 거예요" 같은 말을 자주 한다.

심리학적 관점에서 볼 때 어린아이들이 부모의 잘못을 알기는 거의 불가능하다. 신체적, 성적 학대를 당한 아이들 대부분과 마찬가지로 부모와의 애착이 불안정한 경우에는 특히 더 그렇다.

부모를 나쁘다고 인식하지 않으려는 것은 생존기제다. 영아는 양육자의 관심을 끌어 유대감을 유지하려는 생물학적 본능을 타고나며 그렇게 하도록 신경이 프로그래밍되어 있다. 따라서 양육자가 그 유대감을 위협하는 행위를 할 때 아이는 양육자에게서 잘못을 찾기보다 자신을 비난하기 쉽다. 이처럼 나쁜 점을 내면화하는 것이 투사적 동일시의 시작이다.

　정신적 외상이 신체적, 성적 학대처럼 노골적으로 드러나지 않는 경우도 있다. 양육자가 수치심을 이용해 훈육하면 성격장애가 생길 수 있다. 아이의 인격을 깎아내리고 극심한 수치심을 주어 복종하게 만드는 방식은 새로운 양육지침에서 더 이상 일반적이지 않은 훈육법이지만 안타깝게도 과거에는 흔했다. 예전 부모들은 "좋지 않은 선택을 했구나"가 아니라 "넌 나쁜 애야"라고 말했다. 일반적으로 자녀와의 관계에서 수치심을 지속적으로 이용하는 부모는 자녀에게 매우 비판적이다. 지속적으로 비판받고 심한 수치심을 느끼면 어린아이는 이 감정을 내면화한다. 앞서 말했듯이 이는 투사적 동일시의 첫 단계이며 더 나아가 성격장애를 유발할 수 있다.

　극도의 수치심을 내면화했을 때 느끼는 감정은 아이가 감당하기에 너무 고통스러워서 자아가 분리될 수 있다. 아이는 이 감정을 표현하거나 어른에게 도움을 받아 감정을 처리하는 대신 무의식적으로 자신에게서 이 감정을 분리하고 감정의 존재를 부정한다.

그럼에도 이 감정은 존재하며 무의식중에 끊임없이 표면으로 떠오른다. 그러나 무의식적으로 부정당하거나 분리되었기에 그 감정은 표현되지 않고 잘못된 방식으로 작용한다. 대개 아이들은 이 나쁜 감정을 없애려고 투사적 동일시를 동원하기 시작한다. 이 견딜 수 없는 감정은 학교 폭력을 비롯한 가혹하고 공격적인 행동으로 표출되는 경우가 많다.

왜 어떤 아이는 남을 괴롭히는 아이가 되는가

성격장애가 있는 사람과 투사자를 구분하는 중요한 특징이 있다. 물론 공격적인 투사자는 모두 성격장애가 있다고 볼 수 있지만 성격장애가 있는 사람이 모두 공격적으로 투사하지는 않는다.

영아기에 주 양육자와 애착이 형성되지 않아서 성격장애가 생긴 사람은 어른이 된 뒤 다른 사람에게 투사적 동일시를 행할 가능성이 아주 높다. 이는 미국의 소아정신분석학자 셀마 프레이버그Selma Fraiberg가 논문 〈아기방의 유령Ghosts in the Nursery〉에서 자세히 밝혔다. 영아의 정신 건강을 다룬 이 논문에는 어머니가 의식하지 못하는 자신의 어린 시절 경험이 자녀를 이해하는 수단이 된다는 사실을 구체적으로 보여주는 몇 가지 사례가 수록되었다. 사례 속 어머니는 자기 아이에게 "널 때릴 거야"라고 말했다. 그 후에는 더 나아가 "언젠가 널 죽일지도 몰라"라고 했다. 이 여자는 자신의 어린 시절에 경험한 감정을 분리하여 자녀에게 투사했다. 이런 어머니 중 다수는 자녀가 자신에게 위험한 존재라고 느끼고 그 아이가 자신을 벌하려 한다고 인식한다.

투사하는 어머니들을 상담해보면 자녀가 의도적으로 자신에게 못된 짓을 한다고 말하는 경우가 많다. 어느 어머니는 "이 쪼끄만 녀석이 날 밤새 못 자게 했어요"라고 말했다. 이들은 아기가 울면 배가 고프거나 기저귀가 젖었거나 춥다는 신호라고 생각하지 않고 화를 돋우려고 일부러 운다고 받아들인다.

자녀에게 투사할 때 어머니는 평소와 다르게 행동하고 아이를 대한다. 아이가 악의를 지니고 있다고 믿기 때문에 아이와 소통할 때 방어적으로 대하고 적대적이기까지 한 태도를 취한다. 어머니는 피해를 입히려고 접근하는 아이에게서 빠져나올 수 있기 때문에 아이와 떨어지면 안심한다. 따라서 아이와 더 자주, 더 오래 떨어져 있게 된다.

아이는 자신을 향한 어머니의 무의식적인 부정적 성향을 고스란히 느끼고 경험한다. 아무도 달래주지 않고 보살펴주지 않는 부정적 상황에 오래 방치되면 결국 이 부정적인 상황을 내면화한다. 영국의 정신분석학자이자 대상관계 이론의 창시자인 멜라니 클라인Melanie Klein은 이를 '나쁜 젖가슴the bad breast'이라고 불렀다. 이것은 영아가 어머니에 대한 부정적 이미지를 내면화하는 상황을 뜻한다. 영아는 이 감정에 대처하려고 방어기제를 쓴다. 이러한 적대감이 지속되면 아이는 부정적인 이미지에 대응하기 위해 공격적인 투사적 동일시를 활용할 수도 있다.

투사적 동일시 방어기제는 아이의 성격으로 단단히 자리 잡아 아이가 불안하거나 남들보다 못하다는 기분이 들

때마다 도움을 구하는 방어기제가 된다. 투사적 동일시가 성격에 뿌리내리게 되면 아이는 남을 괴롭히는 심술궂은 사람으로 자라고 어른이 되고 나서도 대인 관계에서 계속 영향을 받는다. 이들은 운명이 봉인된 채 영원히 투사자로 살아가게 된다.

투사적 동일시는
다양한 모습으로 나타난다

투사자가 특정 방식을 다른 방식보다 선호할 수 있다는 사실에 주목해야 한다. 예컨대 어떤 투사자는 위협보다 교묘한 조작을 더 자주 사용한다. 또 어떤 투사자는 조작보다 힘과 지배를 더 많이 사용한다.

대개 투사자의 방식은 그들이 가진 성격장애의 종류에 따라 달라진다. 의존성 성격장애의 경우 괴롭힘보다 조작과 지배를 선호하고, 경계성 성격장애는 조작, 지배, 괴롭힘을 모두 사용한다. 반사회성 성격장애는 괴롭힘, 강압,

위협이 주요 방식이다.

투사자가 투사적 동일시를 하는 데는 성별도 영향을 미친다. 경계성 성격장애가 있는 여성은 괴롭히지는 않고 조작과 지배를 활용할 가능성이 높다.

여성 투사자는 수용자가 가족을 부양할 돈을 많이 벌어오지 않는다고 비난하는 경우가 많다. 남성이라는 이유만으로 수용자를 부양자로 지명하는 여성 투사자는 다른 사람들이 제공하는 것을 투사자가 제공하지 않는다는 이유를 들어 어쨌든 자신이 희생을 했다고 생각한다.

이들은 재정 상태와 상관없이 원하는 것은 무엇이든 살 권리가 있다고 믿는다. 따라서 생각 없이 돈을 쓰고 신용카드를 여러 장 만들어 카드값을 쌓는 쪽은 대개 이런 유형의 투사자들이다. 이들의 소비는, 돈 쓰는 것에 죄책감을 느끼고 부끄러워하지만 개선 방법을 몰라서 빚을 지는 수용자의 유형과 다르다. 여성 경계성 성격장애 투사자는 자신에게 돈 쓸 권리가 있다고 생각하며 돈을 많이 벌지 못하는 무능한 배우자 때문에 빚을 졌다고 비난한다.

투사자가 의존성 성격장애이고 남성인 경우에는 일반적으로 지배와 조작을 통해 수용자를 복종하는 위치에 붙잡아둔다. 이때 수용자는 하인 취급을 받게 되고, 투사자가 바라고 요구하는 모든 것을 행하도록 강요받는다. 투사자는 자신의 요구가 수용자의 삶 속 모든 의무보다 우선한다고 믿으며 투사적 동일시를 이용해 수용자가 이 역할을 충실하게 해내도록 교묘하게 조종한다. 이들은 가치 없다고 생각하는 의무를 행하지 않으려고 피해자 행세를 하며, 대부분의 사람들보다 자신이 높은 위치에 있다고 생각하기 때문에 남 밑에서 계속 일하지 않으려 한다. 이런 투사자 때문에 수용자는 일을 계속 해야 한다.

요컨대 투사자가 쓰는 방식 중 괴롭힘이 가장 분명히 드러나고 심각하지만, 성별과 성격장애 유형을 토대로 지배를 사용하는 투사자가 많다. 투사자의 방식과 성향은 투사자의 영향력을 강화하고 수용자의 가치를 끊임없이 깎아내리는 투사적 동일시를 통해 드러난다.

CHECKLIST

당신을 괴롭히는 그는 투사자인가?

투사자는 특정 방식을 다른 방식보다 선호할 수 있다. 예컨대 어떤 투사자는 위협보다 교묘한 조작을 더 자주 사용할 수 있다. 또 어떤 투사자는 조작보다 힘과 지배를 더 많이 사용한다.

대개 투사자의 방식은 그들이 가진 성격장애의 종류에 따라 달라진다. 의존성 성격장애의 경우 괴롭힘보다 조작과 지배를 선호하고 경계성 성격장애는 조작, 지배, 괴롭힘을 모두 사용한다. 반사회성 성격장애는 괴롭힘, 강압, 위협이 주요 방식이다.

아래 19개 항목 중에서 '예'라고 대답한 항목이 13개 이상이면 파트너가 투사자일 가능성이 높다.

1. 그는 감정 기복이 심한가?

2. 그가 자기 문제로 당신을 비난하는가?

3. 그가 당신에게 명령하고 요구하는 말투를 쓰는가?

4. 그가 당신을 빈정대는 말을 반복하는가?

5. 그가 당신과 의논을 할때마다 깎아내리는 농담이나 모욕적인 말을 하

는가?

6. 그가 당신을 성적으로 대상화하는가?

7. 당신이 맡은 일의 일부를 지배하려는 목적으로 그가 당신의 약점을 이용하고 결점을 강조해 스스로 무능하다고 느끼도록 하는가?

8. 그가 당신 약점을 이용해 아무도 당신을 원치 않는다는 생각이 들게 만드는가?

9. 그가 당신의 직업, 친구, 가족, 취미를 깎아내리는가?

10. 그가 꾀병을 부리거나 당신 때문에 정서적으로 힘든 척하며 피해자 행세를 자주 하는가?

11. 그가 함께 아는 사람들에게 당신 모르게 당신을 험담하는가?

12. 그가 어쩔 수 없을 때에만 사과하는가? 진심으로 사과하지 않고 사과했던 행동이나 태도를 몇 시간 뒤에 다시 보이는가?

13. 그가 특히 자녀들과 함께 있을 때 당신을 나쁜 사람으로 만들려고 끊임없이 애쓰는가?

14. 그가 당신을 없는 사람 취급하며 당신의 말을 무시하는가?

15. 그가 혐오스럽다는 표정으로 당신을 보고 그렇게 대하는가?

16. 그가 사람들 앞에서만 당신이 해낸 일을 칭찬하고 집에서는 그러지 않는가?

17. 그가 당신을 지배한다는 것을 증명하려고 다른 사람들 앞에서 원치 않는 성적 접촉을 하는가?

18. 그가 주기적으로 당신에게 욕설을 하거나 외설적인 말을 하거나 닥치라고 하는가?

19. 당신이 위험하거나 무섭다고 느낄 정도로 그가 심하게 화를 낸 적이 있는가?

수용자: 사악한 의도를 들이마신 피해자

수용자는 투사자에게는 '그릇'과 같다. 수용자는 무의식중에 일어나는 잘못된 소통에 자발적으로 참여한다. 의도하지는 않았으나 투사자의 자질을 일부 갖게 된 수용자는 이자질을 모방하여 자기 것으로 만들고 이 때문에 즉시 불안을 느낀다. 공격적인 투사적 동일시를 당한 경우에는 이 때문에 신체적, 정신적으로 쇠약해질 수 있다.

사람을 이해하는
건강한 방법

내사introjection 또는 내면화는 사람을 건강하게 이해하고 파악하는 방식이 될 수도 있다. 내사는 다른 사람의 특성을 자기 정신에 무의식적으로 통합하는 과정이다. 내사를 규명한 저명한 심리학자 지그문트 프로이트Sigmund Freud는 실제로 내사가 아이의 성장에, 특히 영아기와 유아기에 반드시 필요한 과정이라고 했다.

예컨대 일반적으로 네 살 난 남자아이는 자신을 아버지와 동일시하여 아버지의 행동 일부를 무의식중에 받아들이거나 내사한다. 걸음마를 배우는 아이에게 어머니가 저녁에 뭘 먹고 싶은지 물어보면 아이는 "아빠가 먹는 거 먹을래요"라고 대답할 수 있다. 아버지의 신발을 신고 넥타이를 매고 집안을 돌아다니면서 아버지처럼 출근하는 행세를 할 수도 있다.

여자아이의 경우도 마찬가지다. 여자아이는 어머니의 옷장 속을 탐험하며 시간을 보내며 신발을 신고 옷을 차려

입는 놀이를 한다. 일레인은 상담을 받는 동안 긍정적 내사를 잘 보여주는 이야기를 했다. 일레인의 딸 리사는 눈동자 색이 녹갈색이고 일레인은 녹색이다. 어느 날 리사가 일레인에게 이렇게 말했다.

"엄마, 내 눈도 엄마처럼 초록색이에요?"

그러자 일레인은 이렇게 대답했다.

"우리 딸 눈동자는 초록색과 갈색이 예쁘게 섞였고 엄마는 초록색이 좀 더 진하단다."

리사는 엄마를 보며 이렇게 외쳤다.

"네, 하지만 우리 둘 다 눈알은 하얘요!"

엄마처럼 보이고 싶은 욕구는 리사가 여성으로서의 자기 정체성에 어머니의 모습을 내사한 것이다.

공감력이 커서

더 괴로워지는 모순

투사적 동일시에 내사가 포함될 경우 긍정적이기보다는

부정적으로 변한다. 수용자에게 무의식중에 투사되는 요인은 매우 해롭다. 투사자는 스스로 수치스럽게 느끼는 무가치한 감정을 투사하고 수용자는 이 감정이 원래 자기 감정인 것처럼 경험한다. 따라서 투사자와 함께 있을 때 수용자는 약점 많고 불안한 기분을 느낀다. 이에 공격적인 투사자는 더욱 자극을 받아 앞서 설명한 방식을 동원해 수용자의 정서를 지배하려 든다.

자신을 투사자에게 묶어두는 부정적인 요인을 내사하는 성향은 어떻게 발전될까? 수용자에게 성격장애가 있어서 그런 경우는 드물다. 이들은 스스로 책임질 수 있고 사실 책임을 과하게 지는 일이 많다. 수용자는 자기보다 다른 사람들의 요구를 우선하므로 남들에게 '기분을 잘 맞춰준다'는 말을 자주 듣는다. 이들에게는 통찰하고 자기를 인식하는 능력이 있다. 그렇기에 많은 수용자들이 고통스러운 관계 속에서 왜 관계가 잘못되었는지 추론하려고 자기 행동을 끊임없이 분석하며 괴로워한다.

이들에게는 자아성찰 능력이 있기 때문에 관계에서 갈등이 발생했을 때 자기 잘못이 아닌데도 비난을 짊어지는 경우가 많다. 다른 사람에 대한 공감 능력도 강하기 때문에 무시당한 사람이 겪는 어려움을 쉽게 이해한다. 안타깝게도 이는 투사적 동일시 역학에서 수용자에게 불리하게 작용한다. 투사자가 수용자의 인정을 이용해 피해자 행세를 하는 일이 많기 때문이다.

수용자의 자존감이 떨어져서 역기능하는 관계에 얽힌다는 데에는 의심의 여지가 없다. 그렇지 않고서야 그렇게 쉽게 휘말리지 않을 것이다. 공격적인 투사적 동일시에 사로잡히면 빠져나오기가 매우 힘들다. 수용자의 자기감각은 다른 사람들만큼 튼튼하지는 않을지라도 투사자보다는 훨씬 튼튼하다.

앞서 언급했듯이 수용자의 정신은 투사자보다 강하고 발달했기 때문에 이들에게는 통찰, 공감, 자기인식, 자아성찰 능력과 책임감이 있다. 그러나 이런 특징이 낮은 자존감과 결합하면 수용자를 취약하게 만드는 것으로 보인다.

수용자는 낮은 자존감 때문에 피해자가 되기 쉬운데 이에 힘을 보태는 요인이 또 있다. 많은 수용자들은 해로운 교우 관계나 학대당하는 관계를 지속적으로 유지하는 등 오랜 세월 동안 투사적 동일시에 관련되어 왔다. 이들은 계속 이용당하고 교묘하게 조종당했다.

대부분의 심리 현상과 마찬가지로 아주 어린 시절에 투사적 동일시를 경험한 수용자는 자라서도 수용자가 된다는 결론은 타당하고 논리적이다. 이들은 분리를 방어기제로 사용하지 않으며 상당수의 투사자와 달리 부모에게 성격장애가 없다고 결론 내려도 무방하다. 그러나 어린 시절에 심각한 투사적 동일시를 반복해서 경험했다면 이 경험 때문에 취약해져서 어른이 되어서도 이를 반복하는 성향이 개발된다. 어머니나 주 양육자가 투사자가 아니라면 아버지가 투사자였거나 아버지가 없었을 가능성이 높다고 추측할 수 있다.

부모가 없거나 있더라도 양육에 참여하지 않는 등 이해하기 힘든 일을 겪으면 아이는 불안해지고 부모가 자신과 함께 있지 않는 이유를 옹호하는 공상을 한다. 이들은 대개 비난을 내면화하고 자신이 부족하다고 생각하며 버림받은 원인을 자기 안에서 찾는다. 이로 인해 자존감은 상처받고 약해진다. 함께 하지 않는 부모의 사랑을 지속적으로 바라면 그 열망이 내면화될 수 있다. 어른이 되면 이들은 정서적으로 자신을 반복해서 버리는 파트너(투사자)와 관계를 맺을 수 있다. 이 친숙한 역학을 사랑이라고 알아왔기 때문이다. 어린 시절부터 이 고통스러운 감정에 잘 대처하도록 격려와 지지를 받으면 반복의 고리를 깰 가능성이 높아진다. 그렇지 않다면 어린 시절의 경험을 쉽게 반복하여 투사자와 관계를 맺는다.

샐리는 20년 동안 결혼 생활을 했고 예쁜 아이 셋을 두었다. 그러나 이 관계에는 투사적 동일시가 작용하고 있다. 여러 해 동안 샐리는 대학을 나오지 않은 것과 이혼으로 끝난 이전 결혼을 비롯해 여러 가지 이유로 남편에게 비난을 받았다. 그녀가 대학에 진학하고 취직하기로 결심하자 남편은 그 계획이 아이들에게 나쁜 영향을 미친다고, 대학 교육의 가치에 비해 돈이 너무 많이 든다고 계속 불평했다. 그는 샐리가 관심 있는 주제에 대한 대화를 모두 거부했고 그녀의 학비가 얼마나 비싼지와 그녀가 일을 시작하면 가족이 얼마나 힘들어지는지에 대해서만 이야기했다. 소리 지르며 그녀를 비하하고 가족의 모든 문제가 그녀 탓이라고 비난하며 이성을 잃을 정도로 성질을 부렸다. 가끔은 너무 화가 난 나머지 말싸움 도중 욕을 하다가 그녀에게 얼굴을 들이대며 신체적인 협박을 하기도 했다.

상담 도중 샐리의 가족에 대한 이야기가 나오자 그녀는 남편 말에 따르지 않았다는 이유로 아버지에게 혼났다고 말했다. 그녀의 아버지는 "결혼해서 제 앞가림 잘하면서 살 수는 없는 거니?", "대체 뭘 원하는 게냐? 또 이혼하고 재혼하려고?"라고 하며 결혼 생활을 끝내고 싶어하는 샐리를 비난했다. 아버지는 누가 봐도 남편 편이었다.

이 이야기는 투사하는 부모의 수용자였던 사람(자식)은 자라서도 수용자가 될 수 있다는 가능성에 신뢰를 더한다.

또한 공동의 수용자가 있을 때 투사자들끼리 뭉친다는 사실도 알 수 있다.

수용자가 투사자에게 보이는 태도

수용자가 투사적 동일시에 계속 적극적으로 참여하도록 투사자가 몇몇 수법을 동원하듯이, 수용자가 활용하는 몇 가지 방법이 투사자를 계속 관계에 묶어둔다.

첫 번째 방법은 상대방을 달래는 것이다. 수용자는 상대방의 자아를 달래서 계속 만족감을 주면 심한 말을 피할 수 있으리라고 생각한다. 가끔은 투사자에게 복종하고 있음을 보여주려고 무리하게 애쓰기도 한다. 관계를 평화롭게 유지하려고 투사자에게 복종하는 셈이다.

알고 보니 내담자 중 앤이 바로 이런 경우였다. 앤은 남편에게 심한 투사적 동일시를 당했다. 박사 학위 소지자로 지역 대학교에 일하는 앤은 어려운 업무를 처리하고 어머니로서도 훌륭했지만, 남편이 자신을 양육자 역할에서 밀어내는 것을 두고 보기만 했다. 남편은 그녀의 양육법을 비난하더니 일을 그만두고 집에서 아이들과 함께 지냈다. 그동안 앤은 가족을 부양하기 위해 일했다. 퇴근하고 집에 가면 남편은 그녀가 육아에 동참하도록 하는 대신 자기가 아이들에게 더 좋은 부모라고 우기며 그녀에게는 요리와 청소나 하라고 내몰았다. 앤은 이에 기꺼이 따랐다.

처음에 앤은 남편 크리스와 네 살 난 아들 벤과 함께 상담을 받으러 왔다. 벤은 배변 훈련 중이라 초조해했고 기저귀에 큰일을 보았다. 크리스의 주도로 상담소에 벤을 데려왔지만 그는 집에서 벤을 어떻게 도와야 하는지에 대한 조언은 전혀 들으려 하지 않았다. 크리스는 세 번 상담을 받은 다음 극도로 화를 내며 아들의 상담을 끝냈다. 앤은 상담을 끝내고 싶지 않았지만 남편이 원하는 일에 반박하고 싶지 않았기 때문에 그의 뜻에 따랐다. 짧은 상담 기간 동안 앤은 관계에서 남편이 보이는 패턴, 남편의 취업 문제와 지배하려는 성격에 대해 이야기했다. 그에게 성격장애가 있는 것이 분명했다.

2년 뒤 앤은 혼자 상담소에 왔다. 그녀에게는 두 살 난 둘째가 생겼다. 크리스는 계속 집에서 그녀를 하찮게 여기며 따돌렸다. 그녀를 '가장'이라고 칭하며 아이들에게서 떼어놓으려고 골몰했고 아이를 키우는 사람은 자기라고 우기며 큰아들을 자꾸 '내 아들'이라고 불렀다. 앤은 아이들과 다정하게 시간을 보낼 방법을 계속 찾는 중이었고 남편에게 취직하라고 권하기도 했다.

그러던 중 남편이 어쩔 수 없이 몇 주 동안 집을 비워야할 일이 생기는 바람에 앤이 양육을 도맡게 되었다. 남편이 없는 동안 그녀가 형편없는 엄마가 아니라는 사실이 분명해졌다. 앤은 자기 침대에서 혼자 잠자기, 친구들과 긍정적으로 사회적 소통하기처럼 아이들이 제 나이에 맞는 발달 단계를 성취해낼 때 그들을 지지하고 잘 돌보았다.

그녀가 벤을 다시 상담소에 데려왔을 때 아이의 태도는 2년 전과 무척 달라 보였다. 행복해보였고 활발했으며 새로 할 수 있게 된 일을 뿌듯해하며 자신감 넘치게 이야기했다. 앤은 자신이 다른 일에도 무능하다고 느끼도록 남편이 부추겼다는 사실을 깨달았다. 이를테면 남편은 그녀가 돈 문제에 무능하기 때문에 자신이 돈을 관리하겠다고 우겼다. 결혼 생활 동안 앤이 경제적으로 문제를 일으킨 적이 없는데도 말이다.

앤은 자신에게 뛰어난 능력이 있다는 사실을 깨달았다. 자신감을 얻은 그녀는 소유욕과 지배욕이 점점 커지는 남편에게 심하게 화내기 시작했고 결국 이혼하기로 결심했다. 그리고 힘든 과정을 거쳐 크리스와 공동 양육권에 합의했다. 앤은 잘 자라고 있는 두 아들의 엄마로 사는 일이 정말 좋다고 당당히 밝혔다.

관계를 평화롭게 하려고 복종하는 위치를 자처하는 것 외에도, 수용자는 투사자가 수용자를 적극적으로 찾듯이 투사자를 적극적으로 찾는다. 이것도 어린 시절 부모와의 관계에서 비롯된 무의식적인 관심 끌기다.

직관력을 타고난 수용자는 다른 사람, 특히 투사자의 기분과 정서에 매우 민감하다. 관계에서 불안해하고 쉽게 상처받는 수용자는 상대방의 부정적인 감정 상태를 미세하게 알아차려 그 책임을 즉각 자신에게 돌린다.

어찌 된 일인지 이들은 다른 사람이 겪는 부정적 정서가 자기 때문이므로 자신에게 화살이 날아오는 것이 정당하다고 생각한다. 그리고 관계에서 좋은 평가를 받으려고 투사자의 자아를 칭찬하거나 달래는 등의 조치를 재빨리 취한다.

그러나 투사자와 이런 식으로 소통하는 것이 바로 반복적인 투사적 동일시의 시작이며 이로 인해 수용자는 즉시 가치가 깎이는 위치에 놓인다. 이런 이유로 수용자와 투사자 중 실제로 누가 투사적 동일시를 시작하는지는 분명하지 않다.

이를 두고 흔히 '알랑댄다'고 하는데 이 때문에 투사적 동일시가 작용할 수도 있고 수용자가 이를 이용해 가치가 깎인 사물 역할을 계속 자처하기도 한다. 다시 말해 수용자는 자신보다 투사자와 관계를 더 소중히 여긴다. 스스로 깎아내리는 행위의 일환으로 수용자는 자기를 비하하는 유머를 습관적으로 구사하는 경우가 많다.

앤의 경우에는 상담 도중에 자신을 '멍청이'라고 부르며 웃는 일이 잦았다. 스스로 멍청하지 않다는 것을 깨닫고 나서야 하루에도 몇 번이나 그렇게 말했다는 것을 알았다. 앤은 남편과 대화할 때에도 혹시 모를 언쟁을 피하려고 자신을 '멍청이'라고 불렀다는 것을 떠올렸다.

이렇게 통찰력이 생긴 뒤에 그녀는 일주일 전에 직장 동료와 있었던 일을 이야기했다. 실수를 저지른 동료에게 좋은 말로 조언해준 일이었다. 앤은 동료의 반응에 충격을 받고 멍해졌다고 설명했다. 그는 실수한 일에 대해 진심으로 사과했고 다시 실수하지 않으려면 어떻게 해야 하는지 알려달라고 했다. 그리고 앤의 사무실에서 나가면서 그녀의 업무 능력을 칭찬했다. 앤은 깜짝 놀랐다. 결혼 생활 동안 이 정도로 존중과 품위가 넘치는 대접을 받아본 적이 없었다. 물론 남편에게 사과를 받아본 기억도 없었다. 그러나 남편과의 관계에서 자신을 '멍청이'라고 부른 사람은 다름 아닌 그녀였다.

깊은 웅덩이에서 빠져나오려면
어떻게 해야 할까

역기능이 거미줄처럼 얽힌 복잡한 관계에서 빠져나오려면 어떻게 해야 할까? 수용자의 통찰력과 자아성찰은 어느 정도 도움이 된다. 앞에서 살펴보았듯이 대부분의 투사자에게는 성격장애가 있기 때문에 자기 행동 패턴을 통찰하지 못한다. 투사자는 정서적으로 결박되어 있기 때문에 성숙해지거나 발전할 희망이 거의 없다. 반면 수용자에게는 통찰력, 공감 능력, 자기인식 능력이 있기 때문에 정서적으로 계속 성장하는 데 필요한 기술을 익힐 수 있다.

관계 당사자 중 한쪽은 정서적으로 계속 발전하고 다른 한쪽은 정체되면 교착 상태에 빠질 수밖에 없다. 수용자는 투사적 동일시에 기꺼이 참여하고 노력하는 것처럼 보일지라도 결국에는 지속적으로 학대를 받았다는 것을 깨닫게 될 것이다.

존엄성은 인간의 권리다. 어떤 목적 때문에 타인에게 존엄성을 빼앗기면 마음 깊은 곳에서 느낀다. 그 느낌을 부정하든 견디든, 그 세월이 5주든 50년이든 결국에는 사력을 다해 맞서 싸우고 울부짖으리라는 것은 분명하다.

관계 전반에 소리 없는 아우성이 존재할 수도 있다. 멸시받고 무시당하고 존중받지 못하면 누구라도 화가 난다. 이따금 수용자가 앙갚음을 하기도 하는데 이는 지극히 자연스러운 일이다. 그러나 복수해봤자 더 심한 수모를 당하고 욕을 듣기 때문에 안타깝게도 문제가 금세 해결되지 않는다.

언쟁을 하고 나서 너무 심하게 화냈다고 후회하는 쪽은 투사자가 아니라 수용자다. 자기 행동에 전혀 책임을 느끼지 않는 투사자는 싸우는 동안 수용자가 화낸 사실을 강조하며 자제력을 잃었다고 비난한다. 그러면 수용자는 상대방이 스스로 책임져야 한다는 부담을 느끼지 않도록 자기 행동에 과하게 책임을 느껴 무릎 꿇고 용서를 빈다.

수용자는 다른 사람이 무의식중에 전달하는 요인을 쉽게 받아들이기 때문에 공감 능력이 크다. 이들에게는 다른 사람의 고통을 감지하는 직관력이 있고 그에 과도하게 연민 어린 반응을 보인다. 그러나 바로 이 공감 능력 때문에 해롭고 병적인 투사적 동일시에 취약하다. 많은 수용자들이 인도주의적인 행동을 하면서도 그들의 공감 능력을 악용하는 투사자를 만났을 때 쉽게 무너지는 이유가 바로 이 때문이다.

수용자는 전형적인 투사자에 비해 인정 많은 태도를 보이지만 이들이 성인군자가 아니라는 점을 반드시 알아야 한다. 이들도 가끔은 이기적이고 공격적으로 행동할 수 있는데 이런 성향은 대개 투사에 직면했을 때 드러난다. 수용자는 기본적으로 공감하고 이해하고 소통하고 남들과 잘 어울리는 기질을 타고났다. 인간성의 깊이와 다양성에 마음이 열려 있기 때문에 대부분 창의적이고 유머러스하다. 그러나 속 깊고 세심한 성품은 투사자가 해로운 요인을 묻어두기에 완벽하다.

투사는 수용자를 빠르게 웅덩이로 밀어넣는다. 해로운 투사에 빠진 수용자는 자신이 아무것도 제대로 할 줄 모르는 쓸모없는 인간이라고 진심으로 믿는다. 과거에 성공했던 것은 운 덕분이라고 생각하며 주변의 부정적인 반응을 모두 기꺼이 받아들여 자신이 쓸모없다는 증거로 삼는다.

투사자에 대해 배우고 나면 수용자는 이런 유형의 투사에 얽히는 것을 피할 수 있다. 어쩔 수 없이 교류해야 하는 경우에도 투사에 대비할 수 있으며 이로써 투사적 동일시의 효력에 중대한 차이가 생길 수 있다.

당신은 수용자인가?

아래 14개 항목 중에서 '예'라고 대답한 항목이 10개 이상이면 당신은 수용자다.

1. 자존감이 낮은가?

2. 다른 사람들에 비해 사과를 자주 하는 편인가?

3. 다른 사람들이 당신을 어떻게 생각할지 계속 신경 쓰는가?

4. 사람들이 당신을 좋아하면 놀라고 우쭐해지는가?

5. 다른 사람과의 교류에 문제가 생기면 즉시 자신을 비난하고 과도하게 책임지는가?

6. 다른 사람과의 관계에서 좋은 평가를 받으려고 그들의 자아를 달래주는가?

7. 자기를 비하하는 유머를 지속적으로 구사하는가?

8. 특정 분야에서 자신이 너무 잘못됐다고 생각하는가?

(예: 체중이 너무 많이 나간다, 매력이 없다, 돈 관리를 못한다, 계획성이 없다) 그래서 관계를 맺고 있는 상대방 말고는 아무도 당신을 원하지 않을 것이라고 생각하는가?

9. 인정 많고 공감을 잘하는가?

10. 남들에게 폄훼되고 불이익을 받은 사람이나 권리가 박탈된 사람들을 선뜻 옹호하는가?

11. 다른 사람에게 선뜻 생명을 내어줄 수 있는가?

12. 당신보다 상대방의 요구와 소망을 항상 우선하는가?

13. 하루를 보내고 상대방과 마주하기 전에 불안을 느끼는가?

14. 다른 사람이 눈앞에서 괴롭힘당하는 것은 두고 보지 못하면서 당신은 관계에서 괴롭힘당하거나 모함당하거나 이용당하고 있지 않은가?

이 사악한 마법에서
어떻게 벗어날까

투사당하는 동안 수용자가 느끼는 우울은, 어떤 좋지 않은
상황 때문에 느끼는 일반적인 형태의 우울과 다르다. 가족
이 사망하거나 직장을 잃거나 사랑하는 사람이 아프거나
하는 상실이 발생하면 슬픔, 실망, 두려움, 무기력, 절망 같
은 부정적인 정서에 짓눌린다. 이는 심신을 쇠약하게 하는
정서로서, 대응하기 힘에 부칠 수 있지만 친구와 가족의 응

원과 사랑이 있으면 때로는 이런 상황 덕분에 서로 더 가까워지기도 한다.

투사를 경험할 때에는 전혀 다른 종류의 우울을 느낀다. 자기에 대한 인식이 부정적인 쪽으로 바뀌기 때문이다. 내면의 면역 체계에 이상이 생긴 것과 비슷하다. 이때 중심이 되는 정서는 슬픔이나 실망이 아니라 자기혐오와 의심이다.

수용자는 자신을 비난하고 수치심과 죄책감에 휩싸인다. 투사가 정말 파괴적인 이유는 이런 감정이 외부, 즉 다른 사람에게서 왔다는 것을 수용자가 모른다는 데에 있다. 이들은 무의식중에 그런 감정을 넘겨받아서 자기 내면에서 정신적인 전쟁을 벌인다.

투사자가 정서적으로 건강하지 않다는 것을 안다고 해도 수용자는 관계에서 나쁜 쪽은 자기라고, 투사자는 좋은 사람이라고 무의식적이고 직관적으로 생각한다. 투사에서 벗어난 뒤에야 투사자가 본질적으로 병들어 있다는 것을 속속들이 인식한다.

투사를 견디는 동안 수용자는 자기 비하에 사로잡혀 다른 사람들을 멀리하기 때문에 도움을 받거나 안심되는 말을 들을 수 없다. 이렇게 되면 수치심을 느끼고 평소에 수용자를 지지하는 친구나 가족과 단절되어 악순환이 계속된다.

투사 때문에 수용자는 정서적으로 고립되고 수용자는 투사에서 쉽게 빠져나오지 못한다. 투사가 사라지는 데는 며칠이 걸릴 수도 있다. 그동안 수용자는 대개 자신을 질책하며 '투사자 없이 살 수 있을까' 하는 의문을 제기한다. 이들은 모든 것을 빼앗긴 느낌이 들어서 투사자를 강한 쪽으로 인식하고 자신은 쉽게 항복을 선언하는 쪽으로 여긴다. 투사자에게 굴복하고 파괴적인 역학으로 돌아옴으로써 수용자는 박탈감에서 벗어날 수 있으리라고 믿는다. 그러나 수용자가 이러한 감정을 느끼게 만든 사람은 다름 아닌 투사자다. 수용자가 고통스러운 투사를 견디면서 투사자에게서 차츰 독립해나가면 자신감이 생기고 투사에서 빠져나갈 계기를 찾을 것이다.

수용자가 정서적 거리를 두려고 노력할수록 투사자는 공격을 덜하게 되고 투사의 횟수도 준다. 물론 순식간에 완전히 사라지지는 않는다. 투사에 맞닥뜨렸을 때 수용자가 대단히 자신감이 있으면 투사를 허용할 수도 있다. 그러나 수용자가 이러한 현상을 인식하고 있으면 자신을 지키는 데 도움이 될 것이다.

요컨대 투사를 경험하면 일종의 우울을 겪지만 이는 상황 때문에 겪는 일반적인 우울과 전혀 다르다. 해로운 투사가 수용자의 자기감각에 끔찍한 일을 저지를 수 있다는 사실과, 투사를 겪는 사람이 혼자가 아니라는 사실을 알면 도움이 될 것이다.

고통스러운 투사를 경험하고 견뎌내는 내담자들이 매일 상담실 문을 두드린다. 투사로 고통받는 사람은 생각보다 많다. 따라서, 투사를 제대로 규명하고 인지하여 이에 대처하는 것이 중요하다.

"계속 싸우는 거야."

이 말은 끔찍한 투사를 겪던 일레인에게 친구가 계속 해준 말이다. 친구는 투사라는 마법에 넋을 빼앗긴 일레인에게 칭찬이나 안심시키는 말을 해봤자 받아들일 수 없으리라는 것을 잘 알았다. '계속 싸우라'는 단순한 말은 일레인의 존재를 확인해주기보다 행동을 촉구하는 말이었다. 이는 일레인이 받아들이고 잘 소화하여 앞으로 나아가는 데 이용할 수 있는 격려였다.

Emotional

Terrorism

2장
괴롭히는 사람과
괴롭힘당하는 사람
일상에서 겪는 투사적 동일시

어긋난
부부 관계

투사적 동일시가 근본에 깔린 관계를 끝내는 일은 쏟아져
내리는 모래 속에서 빠져나오는 것처럼 매우 힘든 일이다.
이 파괴적인 역학을 끝내기 위해서는 '정서적 거리'가 필
요하다. 관계를 맺은 양 당사자, 즉 투사자와 수용자가 모
두 정서적으로 거리 두기를 하지 않으면 투사적 동일시의
영향력도 사라지지 않는다.

수용자는 부당한 대우를 당하고 있다는 사실을 깨닫게 되면 더 이상 투사자에게 마음이 가지 않을 수 있다. 그러나 대개 투사자는 수용자를 정서적으로 계속 끌어들이려고 소매 안에 총알을 숨겨둔다. 예를 들면 함께 기르는 자녀들, 공동 자산, 친구들, 양가 가족이 총알이 될 수 있다. 수용자가 인정 많은 성격을 타고났다는 것을 잘 아는 투사자는 수용자가 계속 헌신하도록 자기 자신은 물론이고 자신의 안위까지도 이용할 수 있다.

아이를 이용한
교묘한 행동들

일레인의 사례를 통해 수용자가 계속 노력하게 만들려고 애쓰는 투사자를 살펴볼 수 있다.

오랫동안 냉철하게 심사숙고한 끝에 일레인은 남편을 떠나기로 마음먹었다. 그녀를 정서적으로 계속 옭아매기 위해 필사적인 남편은 입양한 자녀들의 친부모에게 연락하여 일레인이 이혼 소송을 할 것임을 알리겠다고 말했다. 재정적인 지원 말고는 남편에게 도움을 거의 받지 못하고 장애아 둘을 직접 키운 일레인은 심하게 걱정했고 그 즉시 '결혼 생활을 유지해야 하나'라고 다시 생각하게 되었다.

일레인과 유사한 점이 많은 샐리의 사례에서는 수용자를 붙잡아두려고 투사자가 자신의 안위를 이용하는 것을 볼 수 있다. 샐리가 이혼 소송을 하겠다고 통보한 뒤 그녀의 남편은 극도의 분노와 과장된 언행을 보였다.

어느 날 밤에는 자살예방센터 직원과 세 시간 동안 통화하기도 했다. 샐리는 남편이 통화를 하면서 큰소리로 흐느끼고 울부짖는 소리를 들었다. 걱정이 된 그녀는 남편이 괜찮은지 몇 번 확인했지만 남편은 손사래를 치며 그녀를 보냈다. 결국 샐리는 마지못해 그에게 다가가 달래주려 했다. 바로 그때 남편은 통증이 있는 것처럼 가슴팍을 움켜쥐고 소리 지르며 비틀댔다. 샐리는 즉시 남편을 병원으로 데려갔고 밤새도록 곁에 있었다. 검사 결과 뚜렷한 병명은 나오지 않았고 의사는 공황발작이었을 수 있다고 추측했다. 남편이 쓰러진 것이 자기 때문일지도 모른다는 걱정과 두려움에 기진맥진한 샐리는 이혼 소장 제출을 미뤘다.

일레인은 재정적인 난관에 봉착했다. 남편에게 관계를 끝내고 싶다고 알리자 남편이 신용카드를 정지하겠다고 협박했기 때문이다. 그는 일레인에게 돈을 주지 않았고 집 안에서 그녀를 쫓아다니며 "당신이 애들 키울 자격이 정말 있다고 생각해?"라며 그녀를 비난했다. 남편은 일레인을 인간이 아닌 소유물로 여겼고 그렇게 대했다. 따라서 그녀를 모욕하고 깎아내려도 된다고 생각했다.

결혼 생활 동안 그녀의 빚을 일부 갚아준 남편에게 '빚을 졌다'고 생각하는 일레인은 이 끝없는 모욕을 말없이 참아왔다. 남편은 일레인이 있는 데서 아이들에게 "이건 아빠 집이야. 이 자동차들도 아빠 것이고" 같은 말을 자주 했다. 어린아이들에게 자기가 빚을 갚았고 모든 것이 자기 것임을 강조했다. 이러한 주장을 통해 일레인도 자기 소유임을 넌지시 비추기도 했다.

그는 돈과 관련된 모든 문제에서 일레인을 배제했고 그

녀가 돈 관리를 못한다고 끊임없이 말했기에 일레인은 계속 아무것도 모른 채 살았다. 언젠가 상담 도중 그녀는 남편이 얼마나 저축했는지, 남편에게 주식이나 다른 자산 계좌가 있는지 모른다고 했더니 변호사가 큰 충격을 받았다고 말했다.

일레인이 좀 더 심각하게 이혼을 생각하자 남편은 돈을 이용한 또 다른 방법으로 그녀를 잡아두려 했다. 이번에는 이혼만 하지 않으면 그녀가 자유롭게 살 수 있도록 아파트를 사주겠다고 했다. 그러나 그녀는 이혼을 계속 진행했고 그 과정에서 남편의 투사 습관이 고스란히 드러났다.

명망 있는 이웃들에게 좋은 인상을 주고 싶었던 남편은 별거 기간 중에 재정 관련 사항을 어떻게 합의했는지 떠벌리고 다녔다. 일레인에게 필요 이상으로 빨리 합의금을 주기까지 했다. 그런 다음 일레인이 현재 주거지에서 가까운 곳에 집을 새로 구입하게 하고 이웃들에게 자기가 그 집을 사주었다고 자랑했다. 그의 불안이 만들어낸 게임 속에 일레인을 엮어넣는 능력은 여전했다.

안타깝게도 수용자를 관계에 묶어두는 데 가장 흔히 사

용되는 자원은 자녀다. 몰리의 경우를 살펴보자.

별거 후 그녀의 남편은 매일 밤 딸에게 전화해 몇 시간이고 통화했다. 그동안 함께 시간을 보내는 일이 거의 없었는데 말이다. 투사자는 친구와 가족은 물론이고 아이들까지도 자기편으로 만들어 수용자를 등지게 하려고 애쓴다. 아이들에게 근사한 선물을 주고 애정을 보여 좋은 인상을 남기려 한다. 그러나 수용자와 별거하기 전에는 아이들에게 관심을 거의 갖지 않았고 아이들 때문에 힘든 시간을 참지도 못했다.

일레인의 사례에서 무너져가는 관계 한복판에 아이들을 두어 수용자를 묶어두려는 투사자의 시도를 자주 엿볼 수 있었다.

이혼 소송을 진행하는 동안 그녀의 남편은 말싸움에 아이들을 끼워넣는 일이 잦았다. 일레인이 남편 집에서 아이들을 데려올 때 그는 아이들과 일레인을 차 앞까지 쫓아왔다. 그러고는 아이들이 탄 쪽 창문에 팔꿈치를 얹고 일레인이 출발하지 못하도록 했다.

그녀가 했을지 모를 나쁜 일에 대해 이야기할 때 자주 아이들을 부르기도 했다. 어른들 문제에 아이들을 개입시키는 것은 적절하지 않다고 일레인이 조용히 일깨워주었으나 소용없었다. 남편은 "애들아, 엄마가 그렇게 말하는 거 들었지?" 같은 말을 아이들에게 계속 했다. 어른 일에 아이들을 끌어들이는 데 화가 난 일레인이 그만하라고 부탁했지만 그는 듣지 않았다. 일레인은 너무 화가 나서 남편이 차에 팔꿈치를 얹든 말든 운전해서 가버린 적도 있었다.

며칠 뒤 남편은 아이들을 미식축구 경기장에 데려가겠다고 했고 일레인도 좋다고 했다. 남편은 같이 가자고 했지만 일레인은 싸움을 피하기 위해 거절했고 "애들이 정말 좋아하겠네"라고만 대답했다.

며칠 뒤에 남편은 그녀가 함께 가기로 해서 기쁘다고 했다. 자신의 대답을 긍정의 의미로 해석한 남편에게 놀란 일레인은 오해가 있었다고 사과하며 가지 않겠다고 했다. 화가 나서 그녀도 꼭 가야 한다고 우기는 남편은 "당신도 가야 해. 애들이 그걸 원해", "우리가 잘 지내는 모습을 애들한테 보여줘야지", "좋은 엄마 노릇 좀 해줘. 같이 경기 보러 가자" 같은 문자메시지를 하루에도 몇 번이나 보냈다.

같이 가자고 강요한 다음에 남편은 "당신이 안 가면 나한테 표 값 350달러 빚지는 거야"라고 말했다. 경기 일주일 전에 아이들에게서 "아빠가 그러는데 엄마가 우리랑 같이 있기 싫어서 경기장에 안 간대요. 원래 가겠다고 약속했는데 지금 갈 기분이 아니라고요"라는 말을 듣고도 일레인은 꿋꿋하게 버텼다.

또 한번은 아이들이 "엄마가 뭘 하는지 얘기하면 아빠가 선물을 준댔어요"라고 말했다. 얼마 후 일레인과 남편이 나란히 서서 축구 연습하는 아이들을 지켜보고 있을 때 남편이 아들을 경기장 밖으로 불러냈다. 그는 자기 주머니에서 양육비 수표를 꺼내더니 이렇게 말했다.

"이거 네 엄마한테 갖다줘."

30센티미터 거리에 서 있는 엄마에게 말이다.

자녀를 부부관계의 중심에 두려는 시도 중 가장 고통스럽고 교활한 일은 유치원 등원 첫날에 발생했다. 남편은 아이들이 처음으로 유치원에 가는 것을 지켜보고 싶다고 했고 일레인은 좋다고 했다. 당시 남편은 일레인에게 욕을 몇 번 했다는 이유로 그녀의 집에 가는 것이 금지되었다. 그래서 일레인은 그에게 유치원 통원버스를 타는 곳과 시간을 알려주었다. 그러고는 아이들에게 등원 첫날 아침에 잘하고 오라고 격려하려고 아빠가 버스 타는 곳으로 나올 것이라고 말했다.

그러나 놀랍게도 남편은 오지 않았다. 일레인의 딸은 아빠가 오지 않은 이유를 이해하지 못한 채 눈물범벅이 되어 버스에 올랐다. 일레인은 최선을 다해 아이를 달랬지만 유치원 첫날에 눈물을 흘리며 버스에 타는 아이들을 보니 마음이 찢어졌다.

나중에 남편은 길거리에 서 있고 싶지 않아서 가지 않았다는 문자메시지를 보냈다. 일레인은 어리둥절해져서 다른 부모들도 모두 길에 서서 버스를 기다린다고 했다. 남편은 일레인 때문에 마음이 불편했고 길거리에서 기다리고 싶지 않았다는 말만 고집스레 되풀이했다. 아이들의 기분을 상하게 한 데 대한 후회 같은 것은 전혀 찾아볼 수 없었다.

일레인은 그에게 자신을 비난하지 말고 스스로 책임지라고 했다. 그러나 남편은 그녀의 말을 무시했고 그날 밤에 아이들을 만나서 아침에 못 간 것이 일레인 잘못이라고 말했다.

몇 달 뒤 일레인은 아이들과 저녁을 먹고 있었다. 그 주 초에 그녀는 장래희망에 관한 아들의 미술 과제를 도와주었다. 다섯 살 난 아들이 자기가 두 살 때부터 경찰관이 되고 싶다고 했다는 걸 엄마가 알려줘서 기뻤다고 했다. 아들이 경찰관이 되고 싶다는 의지를 강하게 보였기에 일레인은 경찰서에서 일하는 사촌에게 연락해 견학 갈 수 있도록 약속을 잡았다.

저녁 먹는 자리에서 아들이 말했다.

"엄마, 난 경찰관이 되고 싶은데 아빠는 내가 스파이가 되기를 원해요."

일레인은 고개를 끄덕이며 스파이는 특별한 경찰관이라고 말했다. 그러나 아들이 끼어들어 이렇게 말했다.

"하지만 스파이는 진짜가 아니잖아요."

일레인이 설명하려고 다시 끼어들었다.

"스파이는 진짜로 있어. 나라를 위해서 몰래 일하는 거야."

아들은 그녀를 보며 말했다.

"그럼 다행이에요. 지금 난 스파이거든요. 엄마를 몰래 감시하는데 엄마는 모르니까요."

정신이 아득해졌지만 남편이 아이들에게 그녀의 사생활을 캐묻는다는 것을 알아차린 그녀는 차분하게 말했다.

"경찰관이 되고 싶은 네게 좋은 연습이 되겠구나. 엄마는 하나도 숨길 게 없단다."

그녀는 아들에게 윙크했다. 다시 한 번 일레인은 남편이 아들의 심리적 평안보다 그녀를 지배하는 데 더 신경 쓴다는 사실을, 그래서 아들을 이혼의 한가운데에 자꾸 끼워넣는다는 것을 깨달았다.

함께 알고 지내던 친구들을 이용하는 것 역시 수용자를 관계에 묶어두려고 투사자가 동원하는 수법이다. 이 수법은 학교 폭력에서 쓰이는 것과 비슷하다.

일레인은 남편이 이웃들에게 문자메세지를 보내 그녀 이야기를 했다는 사실을 오래 알고 지낸 이웃 친구에게서 들었다. 무슨 내용인지 문자 친구의 남편이 말했다.

"너무 저속한 내용이라 받자마자 지웠어요. 우리 애들이 우연히라도 볼까봐요."

일레인에게는 이혼을 진행하는 동안 믿음직하게 위로해준 남성 친구가 있었다. 이혼 절차가 마무리되자 그녀는 그 친구와 데이트를 하면 어떨까 하는 생각이 들었다. 그러나 전남편이 그 친구와의 관계를 왜곡하고 거짓말을 꾸며내고 과장하는 바람에 가능성이 사라졌다.

전남편은 음란하고 생생한 거짓말로 일레인의 성격을 맹렬하게 비난했고 친구들이 모두 모인 자리에서 공개적으로 깎아내렸다. 오랜 이웃 친구들은 동네 슈퍼마켓에서 그녀를 마주쳐도 말도 하지 않으며 괴롭힘에 동참했다. 마찬가지로 투사자인 전남편 친구 두 명의 아내들은 일레인과 함께 골프를 쳤는데 그녀가 연습하러 못 갔을 때 그녀를 험담했다. 결국 그 둘은 골프팀 팀장에게 일레인을 다른 팀으로 보내달라고 요구했다.

전남편의 친구들이 일레인에 대한 소문을 퍼뜨리는 바람에 새로운 이웃들까지 모두 알게 되었다. 다행히 새로운 이웃들은 투사자가 아니었고 투사에 동참하기를 거부했으나 일레인은 동네를 벗어나도 전남편에게 괴롭힘을 당할 것 같은 기분이었다. 이 마녀사냥을 끝내기 위해 다시 그와 합쳐야 하나 심각하게 고민한 적도 많았다.

투사자의 손아귀에서 벗어나는 일은 어렵고 고통스럽다. 너무 고통스러워서 수용자에게는 반드시 도움의 손길이 필요하다. 수용자가 대화를 나누고 함께할 다른 수용자를 찾을 수 있다면, 이들이 투사자를 떠날 용기를 얻을 가능성이 더 높아진다. 그러나 투사자가 다른 사람들을 자기

편으로 만들어 수용자를 등지게 하기 때문에 이들을 이해하고 지지해줄 사람을 찾기 어려울 수도 있다.

집단
투사적 동일시

투사자가 사람들을 자기편으로 만들어 수용자를 공격하는 일을 달리 말하면 '집단 투사적 동일시'라고 한다. 집단 투사는 사회적인 영역에서 발생하고 함께할 투사자들을 끌어모아서 수용자에 대한 증오를 퍼뜨린다. 투사적 동일시에 취약한 수용자는 상담 도중 "온 세상이 절 싫어해요"라고 말한 일레인처럼 극도의 무력감을 느낀다. 수용자가 스스로 맞서 싸우려고 시도해봤자 모든 면에서 얽혀 있는 투사자를 자극할 뿐이다. 모든 면에서 접점이 있기 때문에 투사자는 수용자에게 쉽게 접근할 수 있다. 이것이 바로 투사자가 원하는 상황이다.

수용자가 취할 수 있는 가장 효과적인 행동은 투사자를

무시하고 투사자와 계속 거리를 두는 것이다. 그러나 수용자는 무력하고 의욕이 꺾였고 의기소침한 상태이므로 그러기가 어렵다. 이때 수용자에게 필요한 것은 수용자가 처한 어려움에 공감할 수 있는 다른 수용자를 비롯해 체계적으로 지지해주는 사람들이다.

다른 사람을 조종하는 데, 특히 수용자에게 등을 돌리게 하는 데 능한 투사자는 수용자를 세뇌하는 데에도 능하다. 이미 쉽게 상처받고 자기 가치를 의심하게 된 수용자는 서서히, 그러나 틀림없이 투사자의 관점을 받아들인다. 투사자 때문에 수용자의 의견과 가치는 계속 평가절하되므로 수용자가 자기 가치를 일부 버리고 투사자의 것을 흡수하기 시작하는 것은 당연하다.

투사자와 19년 동안 결혼 생활을 한 다이앤은 최근 출산한 딸을 보고 싶었다. 세상에 나온 첫 손자가 너무 보고 싶었고 난산한 딸도 꼭 만나고 싶었다. 그러나 딸의 아버지이자 손자의 할아버지인 다이앤의 남편이 병원에 못 가게 했다. 그는 가족이 병원에 갈 필요가 없다고, 산모와 아기가 집에 올 때까지 기다리는 것이 맞다고 했다. 다이앤은 남편의 말이 옳을지 모른다고 생각하면서 그의 말에 따랐다.

캐리의 사례를 살펴보자. 정치적 신념이 확고한 캐리는 직업마저도 이 원칙에 따라 선택했다. 직접적으로 신념을 드러내지 않았는데도 남편은 그녀의 정치적 입장을 계속 비아냥대고 놀리고 괴롭혔다. 그는 캐리와 함께 알고 지내는 모든 친구에게 이를 떠벌렸고 친구들은 기회가 있을 때마다 그녀를 비판하거나 뒤에서 욕했다. 이런 압박을 몇 년 동안 견디고 난 캐리는 대통령 선거일에 남편의 의견에 따라 투표 정당을 바꾸었다.

자녀를 교묘하게
이용하기

투사자는 수용자의 행동과 생각을 계속 지배하고 싶어한다. 자기 가치나 신념과 맞지 않는 모든 것을 비하하고 자기처럼 생각하라고 수용자를 압박한다. 그러나 이때 압박은 적절한 의사소통이나 상대를 존중하는 대화의 형태를 띠지 않는다. 거만하고 우월한 입장에서 강요하며 그 과정에서 대개 수용자를 깎아내린다.

이처럼 생각을 통제하고 강요하는 수법은 주로 투사자가 자녀에게 사용한다. 이들은 자기 생각이나 신념과 일치하지 않는 모든 것을 깔아뭉갠다. 자기감각이 강한 부모는 자기 의견이나 생각과 일치하지 않는 것도 용인할 수 있고, 다른 시각으로 세상을 바라보는 데에서 쾌감을 느끼기도 한다. 그러나 자기감각이 약한 부모는 자녀가 부모와 생각이 같다는 것을 계속 확인해야 한다. 그렇게 하지 않으면 불안해지고 지배력을 잃는 것 같기 때문이다.

자녀가 부모가 원하는 대로 하지 않아서 부모를 당혹스럽게 만들면 불안한 부모는 자녀를 거부한다. 심리적으로 안정된 부모는, 부모라면 자신보다 아이의 감정과 자존심을 우선해야 한다는 것을 잘 안다. 이런 부모는 자녀의 자아가 튼튼해지는 근원이며 반대의 경우도 마찬가지다.

캐리의 예를 다시 살펴보자. 캐리의 아이들은 어릴 때부터 축구를 했다. 시즌 막바지에 이른 어느 날 날씨가 몹시 추워졌고 아들은 자기 경기가 시작되기 전에 앉아서 누나의 경기를 지켜보고 있었다. 자기 차례가 되었을 때에는 체중 15킬로그램이 나가는 몸이 꽁꽁 얼어 아플 지경이었다. 캐리는 나가서 뛰면 따뜻해질 거라고 안심시키며 경기를 하라고 격려했지만 아들은 기분이 좋지 않았다. 춥고 지친 아이는 캐리의 격려 때문에 경기장으로 달려나갔지만 잠시 후 기운이 없어서 다시 나왔다.

경기 내내 이런 일이 몇 번 반복되자 캐리의 남편은 아들에게 넌더리를 내며 경기장 밖으로 나갔다. 힘들어도 경기나 게임이나 시합을 끝까지 해내야 한다고 생각하는 캐리는 아들이 끝까지 해내도록 응원했다. 아들이 몇 번이나 울면서 경기장 밖으로 나오는 걸 보기가 창피했지만 당혹감을 견뎠다.

결국 아들은 경기가 끝날 때까지 뛰었다. 야단법석을 떨어 당혹스러웠는데도 끝까지 자리를 지키며 응원하고 격려해준 캐리 덕분에 아들은 포기하지 않고 마지막 축구 경기를 끝까지 뛰었다. 그러나 당혹감을 받아들일 수 없었던 그녀의 남편은 아들을 저버리고 경기장 밖으로 나갔다.

투사자는 스스로 만족을 느끼는 데 몰입하기 때문에 다른 사람의 감정을 인식하거나 인정하기 어렵고 이 때문에 다른 사람에게 공감하는 능력이 없다. 공감 능력이 없으면 양심의 가책을 느끼지 않고 다른 사람을 괴롭힐 수 있다. 자녀의 감정을 이해하고 인정하지 못하면 아이들에게 매우 해롭다. 이들은 자녀가 자신을 거울처럼 비추기를 원하고 자기 자아를 치켜세워주기를 바란다.

그러나 아이들에게 필요한 것은 이와 정반대의 태도다. 자녀의 상처, 분노, 실망감을 인식하고 그들이 편안하게 느끼도록 도와주는 것은 부모의 의무다. 뭔가가 잘못되었을 때 이를 제대로 감지하지 못하는 부모는 자기 감정에 매몰된 것이다. 또한 자녀가 힘들게 애쓰고 있는 것을 알아차리지 못하는 부모는 자녀가 경험한 감정이 같은 상황에서 자기가 느낄 법한 감정과 일치할 때에만 자녀를 이해할 수 있다. 이러한 부모는 자신의 인식만 고려할 뿐이다. 그래서 이들은 언제나 자신이 옳다고 생각한다.

이들은 다른 의견을 존중할 수 없고 존중하지도 않을 것이며 깎아내리고 비난하기만 한다. 자녀의 관점이나 의견이 자신과 다를 경우 이들은 아이의 감정을 용인하지 않는다. 투사자는 다른 사람의 감정을 진심으로 헤아릴 수 없는데 이는 자신이 수용자의 사고를 전적으로 통제할 수 있다는 믿음의 출발점이 된다. 투사자는 자기 감정만 생각하기 때문에 그들에게 이는 게임일 뿐이다. 이들은 수용자를 존중해야 할 인간이 아니라 조종할 수 있는 사물로 취급한다.

애슐리와 어머니의 관계는 이를 잘 보여준다. 열여덟 살이 된 애슐리는 어머니의 반복적인 투사적 동일시를 더 이상 감당할 수 없었기에 독립하기로 마음먹었다. 애슐리는 혼자서 잘 살아갔고 행복했지만 어머니는 계속 집으로 돌아오라고 고집을 부렸다. 어머니는 딸의 독립, 성공, 행복을 기뻐하지 않고 자기 감정만 생각했다. 어느 날 상담 도중에 애슐리는 이렇게 말했다.

"차라리 엄마가 죽으면 편할 것 같아요. 그럼 적어도 엄마를 떠올리며 슬퍼할 수 있고 앞으로 나아갈 수도 있잖아요."

애슐리의 어머니는 자신이 정서를 지배할 수 없는 딸이라면 차라리 죽는 편이 낫다고 생각했다. 상담사로서 나는 애슐리가 행복하게 잘 살고 있다는 것을 어머니에게 일깨워 주었지만 어머니는 자신이 안쓰럽다는 생각에 너무 오랫동안 빠진 나머지 딸의 행복을 헤아리지 못했다. 그녀는 딸과 정서적으로 멀어져서 기분이 너무 끔찍하다는 생각만 계속했다.

다른 수용자를 만나보라

수년 동안 투사적 동일시를 겪고 나면 수용자는 자기 정체성을 잃어버리고 투사자의 인식에 따라 자기를 인식하게 된다. 이들은 남은 인생 동안 투사자의 바짓가랑이라도 붙들고 살 수 있기를 바라며 투사자가 원하는 대로 말하고 행동한다. 투사자의 하인이 되는 것이다. 희망이 있다면, 수용자가 자기감각, 존엄성, 목소리를 낼 힘, 의욕을 잃기 전이라면 이 관계를 깨고 나올 수 있다는 것이다. 자기감각이 얼마나 망가졌는지 이해하기 위해 다른 수용자를 만나는 것도 방법 중 하나다.

지지 집단support group(집단상담의 치료 집단 중 하나로 유사한 문제를 가진 구성원이 경험을 서로 나눔으로써 문제 해결에 접근함-옮긴이)의 형태로 수용자가 모이면 모임 내의 다른 구성원을 통해 자신을 바라볼 수 있다. 외롭고 고립된 기분이 아니라 다른 사람과 연대하고 있다고 느낄 수 있다. 이러한 감정을 발판으로 잘못 기능하는 인간관계의 탈출구에 다가갈 수 있다. 이들은 자신이 쓸모 있다고 생각하게 되고 서로 유대감을 느껴 다른 사람을 도울 수 있게 되는데 이는 수용자에게 정말 중요한 동기다. 수용자는 다른 사람을 돕는 일에 관심이 많기 때문이다. 이렇게 지지 집단을 구성해 활동함으로써 수용자 개개인이 지닌 훌륭한 자질을 깨달을 수도 있다.

관계에서 정서적으로 학대당하고 자존감이 낮은 수용자

라도 그 관계를 벗어나면 전투적으로 열심히 사는 사람이 된다. 모두 직업에서 성공하고 아이들을 키우고 일하면서, 공부하고 질병을 이겨내기도 하고 성장을 멈추지 않는 사람들이다. 이들은 기량이 뛰어나고 성공한 사람들이지만 인간관계에서는 투사자의 요구를 들어주려고 자존감을 재빨리 버린다. 아픔에 공감할 줄 알고 유머 감각이 있는 수용자들은 한때 스스로 바보라고 확신했다는 생각에 함께 웃을 수 있다.

이렇게 모임으로써 수용자들은 '인식'이라는 공동의 힘을 지니게 된다. 맞은편의 상대방을 바라봄으로써 과거에 자신이 얼마나 멋있는 사람이었는지 깨닫는다. 뒤틀린 거울이 아닌 현실의 거울을 바라보며 다른 수용자에게서 자기 모습을 본다.

수용자는 오랜 세월 동안 투사자의 눈을 통해 자신을 보았다. 그러면서 자신을 나약하고 무능하고 경제적으로 무책임하며 도덕성이 부족하다고 생각했다. 집단상담을 통해 이들은 자기 모습을 다르게 비춰볼 수 있다. 서로를 긍정적으로 바라보며 예전에는 얼마나 괜찮은 사람이었는지 떠올린다. 왜곡되지 않은, 현실적이고 긍정적인 자기 이미지를 되찾는 것이다. 이러한 경험에 투사자와의 잘못된 애착에서 자신을 분리하고 구분하는 노력이 더해지면 관계를 떠나기에 충분한 도움을 얻을 수 있다.

직장내 괴롭힘은
왜 일어나는가

집단이라는 맥락에서 발생하는 투사적 동일시는 직장에서
도 일어날 수 있다. 계약 관계로 묶여 있어 자유가 제한된
상태에서 투사적 동일시가 더해지면 심각한 상황이 될 수
있다. 더구나 직장이라는 조직은 구성원이 많이 모여 있어
자칫 '집단적인' 투사적 동일시가 발생할 가능성이 높다.

집단 따돌림이
일어나는 이유

수용자인 캐리는 병원에서 몇 년 동안 언어병리학자로 일했다. 병원 부속 특수클리닉에서 일했는데 문제 있는 직원이 일한다고 알려진 곳이었다. 그녀가 소속된 부서에는 골칫덩이 간호사가 몇 명 있었다. 특수클리닉은 자기애가 심한 내과의사가 원장으로 관리했고 전체 병원 행정부서에서 어느 정도 독립되어 있었다.

몇 년 동안 캐리는 간호사 몇 명이 한편이 되어 간호사한 명을 지속적으로 괴롭히는 것을 목격했다. 결국 괴롭힘을 견디다 못 한 간호사는 부서를 떠나게 되었다. 그 간호사가 떠나자 괴롭히던 무리들은 다른 표적을 찾았고 집단 투사적 동일시는 계속되었다.

어느 날 아침 회진 중 캐리는 자신이 새로운 표적이 되었음을 깨달았다. 클리닉 규정상 부서별로 환자에게 경과를 알려주게 되어 있었다. 중심 부서 의료진이 먼저 설명하고 그 뒤로 의사와 간호사 몇 명을 거친 다음 캐리가 설명할 차례가 되었다. 그녀는 자기 차례에 몇몇 간호사들이 숨죽여 웃는 소리를 들었다. 그녀가 설명하는 동안 간호사 둘이 뭔가를 휘갈겨 쓴 쪽지를 주고받으며 킬킬댔고, 한 사람은 캐리가 말하는 도중에 끼어들어서 반박하기도 했다.

이런 이상한 일은 회진하지 않을 때도 계속되었다. 휴게실에 모여 이야기할 때 캐리를 따돌리는 일이 잦았고 그녀가 대화에 끼려고 하면 무시했다. 캐리가 휴게실에 들어가면 모여 있던 간호사들이 일어나서 자리를 피하듯 나가버리는 일도 한두 번이 아니었다. 그들은 캐리가 있는 데에서 회식이 아닌 점심식사나 모임을 계획하면서도 그녀를 끼워주지 않는 일이 많았다. 한번은 간호사들이 캐리에 대해 불평하는 바람에 관리자에게 불려가 업무에 대한 질책을 받기도 했다.

캐리는 그들을 더 자극하면 이곳에서 일할 수 없다는 것을 잘 알았기에 애써 모른 척했다. 그러나 괴롭힘은 멈추지 않았고 오히려 더 심해졌다. 간호사들은 캐리의 옷이나 머리 모양을 헐뜯으며 면전에서 못된 말로 그녀를 놀렸으며, '멍청이'나 '덜렁이' 같은 비하하는 말로 그녀를 불렀다.

캐리는 자기 일을 좋아했지만 점점 출근하기가 두려워졌다. 일하다가 속이 메스꺼워져서 화장실로 달려가 가라앉혀야 하는 일도 자주 생겼다. 그녀는 우울하고 불안했다. 집단 투사를 견디지 못한 그녀는 스스로 무능하다고 생각하기 시작했고 직업을 바꿀까도 심각하게 고민했다.

그러나 캐리는 자기 정서를 다스리기로 결심하고 상담소에 찾아왔다. 몇 주 뒤 그녀는 전보다 강해진 기분을 느꼈고 오랫동안 즐겁게 해온 일을 계속하되 부서 이동을 요청하기로 했다.

권력을
등에 업은 불독

또 다른 사례로 매트라는 내담자의 이야기를 살펴보자.

매트는 한 회사의 물품 조달 담당 직원이었다. 회사에서 16년 동안 일했고 평판이 좋았으며 동료들의 사랑을 받았다. 상담소에 온 날 그는 심란하고 불안해보였고 직장에서 한계에 이르렀다고 말했다.

그는 일이 즐겁고 대부분의 동료와 관계가 좋지만 특정 동료 한 명과 문제가 있다고 했다. 그 사람과 있었던 일 때문에 너무 불안한 나머지 그 전 주에는 사직을 생각할 정도로 괴로웠다고 했다. 매트는 입맛을 잃고 잠도 못 잤으며 전에는 즐거웠던 일 대부분에 흥미를 잃었다. 다시 출근할 생각을 할 때마다 느끼는 두려움 때문에 몸까지 아팠다.

매트의 말에 따르면 동료와의 문제는 상담받으러 오기 1년 전쯤에 시작되었다. 그는 동료가 왜 자기를 싫어하는지 모르겠다고 했다. 둘 다 부서 관리자이지만 서로 교류할 일이나 겹치는 영역이 거의 없었기 때문이다. 그러나 그 직원은 매트에게 계속 전화해서 그가 한 일을 비난했는데 주로 퇴근 후 휴대전화로 했다. 그는 제대로 하지 않으면 해고당하게 하겠다고 매트를 협박했다.

이뿐만 아니라 매트의 상사에게까지 연락해서 매트가 게으르고 거짓말을 한다고 계속 험담을 했다. 입사한 지 얼마 안 된 매트의 상사는 매트와 그의 업무 성과를 옹호하면서도 이 상황이 혼란스러웠다.

몇 달 뒤 매트의 상사는 매트를 끊임없이 공격하는 동료 때문에 신경 쓰인다고 회사 부사장에게 호소했다. 부사장은 매트의 동료가 부적절하게 행동하고 있다는 데에 동의했지만 사장이 그의 뒤를 봐주고 있다는 것을 알았다. 자세한 내막을 알아보지는 않았지만 사장이 매트의 동료를 직원들 기강을 잡을 수 있는 실력자로 보고 있는 것이 분명했다.

다른 관리자들도 매트가 곤란한 상황이라는 소식을 들었다. 몇 사람이 나서서 매트를 괴롭히는 동료가 자신들에게도 퇴근 후에 여러 번 부적절하게 연락하여 업무를 비난했으며 일자리를 잃게 하겠다고 협박했다고 알렸다. 그 동료는 각자의 상사들에게 몰래 연락해 해당 직원들이 게으른 거짓말쟁이라고 비난하는 똑같은 유형을 보였다.

마침내 부사장은 인사팀에 연락해 괴롭힘을 즉시 중단하도록 조치했다. 매트는 이 투사자에게서 벗어나 안도했고 다시 즐겁게 일했다.

매트의 동료는 수용자의 인격이 무너지기를 바라며 뒤에서 험담하는 매우 일반적인 투사자의 전략을 썼다. 매트의 투사자는 집단을 이용하기보다 아주 힘 있는 한 사람을 끌어들였다. 여러 사람이 모여서 힘이 생기기도 하지만 투사자가 매우 힘 있는 사람을 자기편으로 만들 경우 투사자는 자기에게도 그 힘이 있다고 생각한다.

권력을 등에 업는 사람이 직장에서 보이는 행태의 또 다른 사례를 간단히 살펴보자.

메리는 안과의사 몇 명과 안과 수술을 마무리하는 외과의사 한 명이 있는 작은 병원에서 일했다. 병원에서 젊고 매력적인 사무관리자를 한 명 고용했는데 그녀는 메리 앞에서 외과의사와 허물없이 대화를 나누었다. 메리가 보기에 두 사람은 분명 특별한 관계였다. 사무관리자는 메리를 싫어하는 것 같았는데 그녀의 교대근무 시간을 불편하게 편성하고 근무 시간을 줄이기까지 했다. 결국 메리가 근무 일정 변경에 대해 묻자 사무관리자는 "마음에 안 들면 그만두던가요"라고 말했다.

어느 날 메리는 사무실 공용구역에서 사무관리자와 의사가 시선이 집중될 정도로 크게 웃는 소리를 들었다. 지나

가면서 보니 두 사람은 바나나를 이용해 콘돔 씌우는 법을 알려주는 유튜브 영상을 보고 있었다. 깜짝 놀라고 불편해진 메리는 병원장에게 알리기로 했다. 그러나 의사가 사무관리자를 두둔하는 바람에 메리의 항의는 묵살되었다. 결국 메리의 근무 일정은 더 나빠졌고 그녀는 직장을 옮기는 수밖에 없겠다고 생각했다.

이기심이 불러온 비극

직장에서 발생하는 집단 투사적 동일시는 운동장에서 벌어지는 학교 폭력과 그다지 다르지 않다. 괴롭히는 아이들과 투사자 모두, 수용자가 치욕을 당하는 게 마땅하다고 동조하는 사람들이 있으면, 자신에게 괴롭힐 권한이 생겼다고 느낀다. 이 역학에서 흥미로운 점은 투사자의 추종자, 다시 말해 '하인'들은 혼자 힘으로 상황을 비판적으로 생각할 수 없다는 것이다. 이들은 투사에 너무 강력하게 영향

받은 나머지 맹목적으로 투사자를 따르는데, 대개 자신이 피해자가 아니라는 데 고마움을 느끼기 때문이다.

 2005년 시카고 남부의 외진 동네에서 사람들이 지켜보는 가운데 젊은 남자 하나가 다른 젊은 남자 둘에게 구타당해 사망했다. 어리고 똑똑하고 활발하던 젊은이가 대낮에 길거리 한구석에서 두 사람에게 맞아 죽는 모습을 어른들과 청소년들이 지켜보았다. 아무도 도우려고 나서지 않았다. 지켜보던 어른들 중 한 사람이라도 나섰다면 다른 사람들도 함께 폭행을 말렸을 것이다. 어른 두어 명이 함께 나섰더라면 젊은이의 생명을 구할 수 있었을 것이다. 그러나 그들은 구경거리라도 생긴 양 그 광경을 서서 지켜보기만 했다.

 그 젊은이가 당신의 자녀이고, 동네 사람들이 잔혹하게 생명을 잃어가는 모습을 지켜보기만 했다고 상상해보라. 구경꾼 중 한 사람이 인터뷰에서 이렇게 말했다.

 "그런 일을 당해 마땅한 사람이었을 겁니다. 나쁜 젊은이 때문에 내가 위험을 무릅쓸 필요는 없잖아요?"

직접적으로 괴롭히든, 괴롭히는 것을 지켜보기만 하든, 괴롭힘을 묵인하고 폭력을 옹호하든, 모두 마찬가지로 괴롭힌 것이다. 그들도 몽둥이를 들고 있었던 것과 마찬가지일 수 있다.

자식에게 짐을
지우는 부모들

이번 장에서는 투사적 동일시가 부모와 자녀 관계에 어떤 영향을 미치는지 자세히 살펴보자.

자녀는 투사적 동일시를 하는 부모의 수용자가 될 수 있고 그로 인해 평생 이 역학의 피해자로 살아갈 수 있다. 부모의 심리적 응어리를 반복해서 내사하는 것은 부모를 고통과 괴로움에서 보호하는 방식이다. 이는 아주 어린 나이에 무의식적으로 확립되는 과정이다. 자녀들은 무의식중에 부모를 자신에게서 구하고 싶어한다. 엘리샤의 사례를 통해 이를 구체적으로 살펴보자.

엇나간 공경이
대물림되다

대학교 신입생인 엘리샤는 처음 상담소에 왔을 때 극도로 우울한 상태였다. '병원에 입원시켜야 하지 않을까' 하는 생각이 먼저 들었을 정도였다. 그녀는 젊고 예쁘고 똑똑했으며 차분하고 나긋나긋하게 말했다. 엘리샤는 기숙사 방에서 울면서 주로 시간을 보낸다고 했다. 친구 관계나 학점을 유지할 수도 없었다. 혼자 보낼 생각이었던 스무 살 생일에 상담받으러 가야겠다는 생각을 처음 했다고 한다.

엘리샤의 이야기를 듣는 동안 그녀의 아버지가 투사자이고 어머니가 수용자라는 사실이 분명해보였다. 그녀는 어린 시절에 아버지가 늦게까지 일하는 날이 많았다고 회

상했다.

"아빠는 집에 와서 텔레비전을 봤어요. 우리는 아빠를 방해하면 안 된다는 걸 잘 알았죠."

엘리샤가 말했다. 아버지는 텔레비전 보는 것을 방해받으면 화를 냈고, 엘리샤는 어머니, 언니, 오빠와 주방 식탁에 최대한 조용히 앉아 있어야 했다. 아이들이 시끄럽게 굴면 아버지는 텔레비전 소리를 크게 키워서 자기 기분을 알렸다.

엘리샤가 10대였던 어느 날 밤 어머니는 아이들을 데리고 나가 아이스크림을 먹은 다음 아버지가 먹을 아이스크림을 사서 집으로 돌아갔다. 안타깝게도 아이스크림이 아버지 취향이 아니었고 아버지는 악을 쓰며 소리 질렀다. 엘리샤는 언니, 오빠와 위층으로 올라갔지만 극도로 화가 난 아버지가 어머니를 신체적으로 위협했다. 언니가 엄마를 도우려고 아래층으로 내려가자 아버지는 자식에게 앙갚음했다. 한바탕 소동이 끝난 뒤에 엘리샤의 아버지는 아이들에게 "결혼하면 다 이렇게 살아"라고 했다.

엘리샤는 집에서 아버지가 버럭 화내는 일이 잦았다고

했다. 그리고 아버지가 자주 그녀를 비난했다고도 했다. 어린아이였던 그녀는 아버지를 매우 두려워했다. 그녀는 청소년 시절에 대해 이렇게 이야기했다.

"아침에 곧바로 일어나지 않으면 아빠는 저를 침대에서 거칠게 끌어내렸어요."

엘리샤는 아버지와의 관계에 주눅이 들었다. 고등학생 시절에 그녀는 기대 이상의 성과를 냈다. 재능 있는 학생이자 육상선수였지만 조용하고 내성적이었는데 이것이 우울의 징후였던 것 같다. 그녀는 아버지에게 우울하다고 몇 번 이야기해보려 했으나 무시당했다. 아버지는 그녀의 조용하고 내성적인 성격이 싫어서 그에 대해 자주 훈계했다.

"즐겁게 지내려고 애 좀 써봐."

아버지는 엘리샤가 많이 웃고 즐겁게 행동하면 좋아하는 물건을 사주겠다고 약속하는 등 돈을 써서 억지로 웃게 하려고까지 했다. 불행히도 아버지는 엘리샤의 감정과 정서 상태에는 신경 쓰지 않았다. 그의 관심은 사람들이 엘리샤를 어떻게 생각하는지와 그들의 생각이 자신에게 어떤 영향을 미치는지였다. 그는 엘리샤를 사람이 아닌 소유물로, 자신의 자존감을 높이거나 손상하는 물건으로 대했다. 그는 엘리샤에게 자기 감정이 있다는 사실을 인식하지도 받아들이지도 못했다.

엘리샤가 유명 대학교에 입학 허가를 받은 일은 아버지에게 아주 의미가 컸다. 입학 허가 통지문을 뜯어본 아버지는 등록금을 낼 수표를 그 자리에서 써주었고 서둘러 가게로 가서 집 밖에 내걸 대학교 깃발과 교표가 그려진 차량용품들을 사왔다. 그러나 엘리샤에게 그 대학에 정말 가고 싶은지 물어볼 생각은 하지 못했다. 엘리샤는 여러 훌륭한 학교에서 입학 허가를 받았지만 아버지는 그녀의 의견을 묻지 않았다. 이번에도 아버지는 엘리샤에게 가고 싶은 학교가 있으리라는 것을 인식하지 못했다. 자기 욕구와 소망만 헤아렸기 때문이다.

엘리샤는 아버지와 어머니의 싸움에서 벗어나려고 노숙인 쉼터에서 자원봉사를 했다. 매일 수업이 끝난 뒤에, 심지어 주말에도 봉사하러 갔다. 그 덕에 쉼터 원장을 비롯해 다른 봉사자들, 그들의 가족과 가까워졌다. 엘리샤의 부모는 그녀가 쉼터와 어떤 관계가 있는지 이해하지 못하면서도 그곳에서 많은 시간을 보내도록 내버려두었다.

엘리샤가 가족과 있었던 일을 이야기할수록 그녀가 언니의 수용자이기도 했다는 사실이 분명해졌다. 엘리샤가 아버지와 비슷하다고 설명한 언니 샌드라는 엘리샤에게 모질게 구는 일이 많았다.

샌드라는 결혼식 전날 밤에 엘리샤에게 가시 돋친 말을 했다. 상처받고 어리둥절했지만 언니의 결혼 전야 만찬에서 두고두고 입에 오르내릴 사건을 연출하고 싶지 않았던 엘리샤는 반발하지 않고 참았다.

그날 밤 샌드라가 엘리샤의 방으로 뛰어들어와 만찬 때 기운 없이 조용히 있었다는 이유로 고함을 질렀다. 더 이상 공격을 견딜 수 없었던 엘리샤는 언니의 말에 반박했다. 그녀가 말대꾸했다는 데에 격분한 샌드라는 결혼식에 엘리샤를 신부 들러리로 세우지 않겠다고 했다. 의기소침해지고 실망한 엘리샤는 상황을 진정시키기 위해 밤새도록 언니에게 진심 어린 편지를 써야 했다.

상담 시간에 엘리샤에게서 이 이야기를 듣고 나자 투사

적 동일시 방식을 알려줘야 할 때라는 생각이 들었다. 그녀가 투사적 동일시 유형을 이해하고 투사적 동일시가 수용자에게 얼마나 고통스러운지 반드시 깨달아야 했다.

엘리샤는 내 설명에 깊이 공감했고, 그 역학에서 빠져나오기 위한 세부 방안이 있다는 데에 안도했다. 그녀는 대부분의 어린 시절 동안 창피당하고 무시당했으며 어머니가 그렇게 대접받는 것을 지켜보았다. 이러한 경험 역시 신체적 협박과 마찬가지로 인간성을 말살한다. 많은 수용자가 그렇듯이 엘리샤도 자기 감정과 정서를 부끄러워하며 믿지 못했고 그로 인해 심한 우울증이 생겼다.

아버지가
지운 짐

앤은 상담소를 찾았을 때 20대 초반의 미혼 여성이었다. 처음에는 진로를 변경하는 데 대한 불안감을 보였지만 몇 번 상담이 진행되고 나자 인간관계에 초점이 맞춰지기 시작했다. 앤은 처음으로 사랑에 빠졌지만 육체적으로 가까워지는 일이 두렵다고 했다. 그러면서 남자친구에게 육체적 욕망을 느끼는 자신을 보면 죄책감이 들고 부끄럽다고 털어놓았다. 그녀는 이러한 내적 갈등과 싸우는 동안 어린 시절을 떠올렸다. 이렇게 심한 수치심을 어릴 때에도 경험한 기억이 있는지 물은 뒤였다. 그녀는 그런 적이 있다고 나지막이 대답했고 정말 고통스러웠던 경험을 들려주었다.

재능 있는 달리기 선수였던 앤은 전국 청소년 육상대회에 참가하려고 콜로라도주에 간 적이 있었다. 팀에서 가장 어린 그녀는 갓 열여섯 살이 되었고 다른 여자 선수들은 그녀보다 한 살 이상 나이가 많아서 이미 고등학생이었다. 경기 전날 저녁에 팀 동료들이 그녀에게 같이 놀이공원에 가자고 했다. 친구들과 나가 놀 생각에 들뜬 앤은 부모님을 졸라 허락을 받았다. 놀이공원에 있는 동안 앤은 팀 동료들이 놀이기구를 타는 것보다 남자를 만나는 데에 관심이 있다는 생각이 들었다. 앤은 불안했지만 언니들과 계속 어울렸다.

또래 남자아이들과 함께 놀던 중 팀 동료 한 명이 앤을 가리키며 남자아이들 중 한 명이 그녀를 마음에 들어한다고 했다. 앤은 자신이 다른 여자아이들보다 촌스럽다고 생각했기 때문에 놀라고 어리둥절했지만 곧 우쭐해졌다. 남자와 단둘이 시간을 보내본 적이 없어서 긴장됐지만 자신만만해보이려고 애썼다. 그리고 친구가 알려준 대로 그와 함께 놀이기구를 몇 개 탔다. 잠시 후 늦었다는 사실을 깨달은 그녀는 호텔로 미친 듯이 질주했다.

앤이 호텔에 도착했을 때 아버지는 잔뜩 화가 나 있었다. 그는 남자에 미쳤다면서 앤을 비난했고 "어린 녀석이 헤프게 행동하다니!"라고 말했다. 앤은 숨도 쉴 수 없을 정도로 수치스러웠다고 설명했다. 그날 밤 그녀는 베개에 얼굴을 파묻고 밤새도록 울었다. 다음 날 아침이 되자 누가 다리에 시멘트를 부은 느낌이었다. 경기 내내 간신히 발을 높이 들어 걸을 수 있을 정도였다. 당연히 생애 최악의 경기를 펼쳤다. 앤은 경기 이후 몇 달 동안 매일 아침 샤워할 때마다 울었다고 했다.

"그 일을 극복하지 못한 것 같아요. 지금도 너무 부끄럽거든요."

앤은 이렇게 말했다. 그 일이 있은 뒤로 앤은 어린 시절 내내 수치심을 느꼈다고 했다. 줄곧 A 학점을 받아 학교에서는 똑똑한 학생이었지만 집에 가면 아버지가 "넌 머리를 쓰기는 하는 거니?" 같은 말로 그녀의 실수를 비난하는 일이 많았다.

어린 시절의 앤은 호리호리했지만 아버지는 종종 그녀의 몸을 뚫어지게 쳐다보다가 뒤에서 손가락질하며 "조심해. 살이 찌고 있어"라거나 "그거 먹지 마. 네 엄마처럼 뚱뚱해질라"라고 말했다.

앤이 선수가 되어 달리기 시합에 참가하자 아버지가 관심을 보였다. 아버지도 예전에 달리기 선수였기 때문이다. 앤은 처음에는 아버지의 관심이 좋았지만 그 관심은 이내 부정적인 것으로 바뀌었다. 경기가 끝나면 아버지는 앤에게 열의가 없다고 했다. 앤은 콜로라도주에서 열린 경기를 시작으로 선수 생활이 내리막을 탔다고 생각했다.

"그 일 이후로는 전과 같지 않았어요."

그녀가 말했다. 의기소침해진 앤은 건강이 걱정될 정도로 살이 빠졌고 밤에 잠도 잘 못 잤다. 팀 훈련 외에 아버지와도 훈련을 했는데 너무 힘들고 몸이 쇠약해져서 계속 달릴 수 없었다.

심사숙고 끝에 그녀는 달리기를 그만두고 축구팀에 들어가기로 했다. 학교 대표팀에 선발되어 아버지의 관심에서 벗어나 뛸 듯이 기뻤던 그녀는 아버지와 상관없는 운동을 즐겁게 했다. 그러나 안타깝게도 그녀의 자존감은 계속 손상된 채로 남아 있었다.

아버지 때문에 느낀 심한 수치심에 대해 이야기하던 앤은 자신이 그런 대접을 받아 마땅하지 않다는 사실과, 그 엄청난 수치심이 사실은 아버지가 본인에게 느낀 것임을 깨달았다. 그녀는 지금껏 아버지의 짐을 대신 짊어지고 온 것이다. 아버지가 자신에 대해 나쁜 감정을 느끼지 않도록 막고 그의 나약한 자존감을 떠받친 사람은 바로 앤이었다. 상담을 통해 이를 인식하고 이해하게 된 앤은 마침내 자유로워졌다. 아버지의 짐을 벗어던진 그녀는 수치심이나 자

기혐오를 느끼지 않고 사랑하고 사랑받을 수 있었다. 마침

내 앤은 스스로 행복해졌다.

일상생활 속의
수용자

부모 자식 관계에 투사적 동일시가 존재하는데 수용자가
이를 인식하지 못하면 수용자는 앞으로의 관계도 이와 동
일한 패턴으로 끌고갈 수밖에 없다. 본래 인간은 익숙한 것
에 끌리는데 이 때문에 수용자는 투사자를 만나는 즉시 뭔
가 끌린다고 느낀다.

이들은 가족과의 관계를 떠올리며 새로운 투사자와 친

구가 되거나 연애를 한다. 매일 교류하면서 수용자는 거의 반사적으로 자기 역할에 빠져든다. 지나치게 다정하고 유순한 이들은 왜 자신이 친구들 사이에서, 직장에서, 심지어 일상적인 관계에서도 계속 표적이 되는지 의아해한다.

수용자는 투사자가 아닌 사람을 만나면 따뜻하고 다정한 사람이 되어 건강한 관계를 맺는다. 그러나 세상에는 투사자가 가득하므로 수용자는 끊임없이 위험에 처한다.

투사적 동일시를
저지한 엄마

일레인의 딸은 건강하고 독립적이고 예쁜 다섯 살 아이로 유치원 2주차에 미약한 분리불안을 겪고 있었다. 일레인은 딸에게 깊이 공감했다. 그녀는 적응기에 대해 설명하고 딸을 안심시키고 격려했으며 유치원 통원버스에 태우는 대신 직접 딸을 데려다주고 데려오기까지 하면서 아이를 응원했다.

투사자인 선생님은 아이가 엄마와 헤어지기 힘들어하는 것이 일레인 탓이라고 비난하는 듯했다. 그녀는 일레인에게 이메일을 보내 이런 일이 흔치 않다고, 일레인이 딸을 버스에 태워 보내야 한다고 했다. 또 아이가 일레인과 분리되는 데 도움이 되도록 집 밖에서 친구와 더 자주 놀아야 한다고 권하기도 했다. 어느 이메일에서는 "어머님이 소풍에 함께 가지 않으시는 게 좋을 것 같습니다. 어머님이 옆에 없어야 따님이 더 강해질 테니까요"라고 했다.

일레인은 혼란스러웠다. 유치원 종일반을 시작한 대부분의 아이들이 분리불안을 약하게 겪는다고 생각했는데. 게다가 딸은 교실에 들어가서 조금 있으면 눈물을 그치고 유치원에서 하루 종일 잘 보냈다. 독립적인 아이라서 몇 년 동안 집 밖에서 친구들과 함께 잘 놀기도 했다. 이뿐만 아니라 지난 여름에는 종일 캠프에 참가하기도 했고 다른 아이의 집에서 몇 번 자고 온 적도 있었다. 딸의 독립심에는 아무 문제가 없었다.

일레인은 상담 시간에 이러한 갈등을 털어놓았다. 나는 그녀에게 선생님이 투사자일 가능성이 있고 수용자인 일레인은 공격에 취약하다고 일깨워주었다. 그녀는 선생님에게 단호하면서도 정중한 이메일을 보내기로 했다. 그녀는 이메일에서 약한 분리불안은 유치원에 입학한 아이들이 흔히 겪는 문제이고 딸은 아주 잘 적응하고 있으며 독립적이라고 주장했다. 일레인은 다음 달 유치원 소풍에 딸의 보호자로 따라가지 않는 것이 좋겠다는 선생님의 제안을 공손히 거절했다. 이 문제가 며칠 내로 해결되리라고 자신했기 때문이다.

일레인이 이메일을 보낸 다음 날, 딸은 분리불안 징후를 보이지 않았다. 아이는 기분 좋게 복도를 걸어가 교실로 들어갔다. 선생님은 일레인을 비난하지 않고 더 존중하는 것 같았다.

일레인은 자신 있는 태도로 투사적 동일시를 성공리에 중단시켰다. 그녀는 방어적인 태도를 취하지 않고 정중하게 자신을 위해 맞섰으며 능숙하고 전문가 같은 태도로 선생님의 잘못을 바로잡았다. 투사적 동일시를 저지한 것과 동시에 딸의 분리불안이 사라졌다는 사실도 흥미롭다.

국제 화물 운송사 UPS에서 일하는 또 다른 내담자 린의 사례는 매일의 일상적인 관계가 수용자에게 위험할 수 있다는 것을 잘 보여준다. 그녀는 주로 트럭을 타고 나가서 일하기 때문에 동료들과 교류가 많지 않았다. 친절하고 활달한 성격인 린은 배송 중에 기회가 있으면 같은 일을 하는 사람들과 금세 편하게 이야기를 나누며 일했다. 그래서 그녀가 다니는 곳에 있는 거의 모든 사람과 우호적인 관계를 형성했다.

당시 린은 다른 상담사에게 상담받고 있었는데 그중 아주 힘들었던 상담 회기가 있었다. 며칠이 지나도 상담 중에 느꼈던 감정이 고스란히 남아 있었다. 그래서 배송을 하던 중 동네 신경정신과에 들렀다. 그녀는 지난 몇 년 동안 이 병원에 배송하러 다니면서 직원들과 잘 알게 되었다. 그래서 평소에는 잡담만 나누던 한 상담사에게 최근에 자신이 받았던 상담에 대해 털어놓았다. 그러면서 자신의 정서 상태가 정상인지 물었다. 그러자 상담사는 "글쎄요. 하지만 당신이 자존감 낮고 지나치게 예민한 것 같기는 하군요"라고 대답하고 불쑥 나가버렸다. 린은 창피하고 당혹스러

웠다. 그녀는 내게 자기가 상담을 망쳤다면서 이 분야에

전문가라고 생각한 사람에게 조언을 구한 일을 후회했다.

Emotional

Terrorism

3장

괴롭힘에서 정말
벗어날 수 있을까

내면의 아우성 발산하기

투사적 동일시
끝내는 법

당신이, 또는 당신과 가까운 사람이 수용자일 수 있다는

사실을 인식하는 것은 투사적 동일시를 끝내는 첫 단계다.

다른 사람의 투사에 취약할 것 같은 사람을 염두에 두고

삶 속에 존재하는 투사자를 분별하려는 노력까지 해보자.

누구나 투사자가
될 수 있다

투사자는 배우자, 자녀, 배우자의 어머니, 친구, 직장 동료, 이웃일 수 있다. 당신이 정말 수용자라는 생각이 들면 투사자가 한 명이 아닐 가능성이 높다. 앞에서 살펴보았듯이 투사적 동일시를 끝내는 데에는 정서적 거리를 두는 것이 도움이 된다. 즉, 투사적 동일시라는 파괴적인 역학이 작용할 경우 결혼 생활이나 연애를 끝낼 각오도 해야 한다.

당신이 자존감과 존엄성을 해치지 않고 투사자와 정서적으로 가까워지기란 불가능하다. 자녀가 있다면 이런 유형의 관계는 아이들의 심리 발달과 정서적 안녕에 매우 해롭다. 아이들이 자라면서 투사적 동일시를 목격하기 때문이다.

그러나 결혼 외의 관계는 상대적으로 대처하기 쉽고 관계 단절까지 가지 않을 수도 있다. 고통스럽게 반복되는 투사적 동일시를 끝내더라도 기존 관계를 유지할 수 있다. 이를 통해 수용자는 평범하지 않은 상황과 고통에서 벗어날 수 있을 뿐만 아니라 관계 당사자 모두에게 도움이 되는 건강한 관계를 만들어갈 수 있다.

바람직한 정서적 거리를 유지하는 일은 간단해보일지 모르지만, 수용자가 반드시 바꾸어야 할 몇 가지 중요한 사항이 있다. 앞서 설명했듯이 수용자는 파괴적인 투사적 동일시 역학이 유지되는 데 기여하는 몇 가지 행동을 한다.

첫 번째 행동은 투사자를 받아들이는 것이다. 수용자는 자신이 투사자보다 무능하다고 믿기 때문에 조언이나 도움을 구하러 투사자에게 다가간다. 그렇게 함으로써 수용자는 개인적으로 힘들어하는 문제에 투사자가 접근하도록 허용한다. 이때 투사자는 여기에서 얻은 정보를 왜곡하여 향후 관계에서나 수용자가 없는 곳에서 수용자를 공격한다. 수용자의 평판을 완전히 무너뜨리기 위해서다. 중요한 개인 정보를 알려주지 않으면 투사자와 안전한 거리를 유지할 수 있다.

투사자와 정서적 거리를 두고 유지하는 또 다른 방법은

그들과의 소통을 줄이는 것이다. 일주일에 몇 번씩 전화하고 이메일이나 문자메시지를 보내는 대신 1~2주에 한 번 정도로 연락 횟수를 제한하라. 그들과의 관계에 거리를 두려 한다는 것을 숨기기 위해 연락이 올 때에는 언제나 성의껏 대답해야 한다. 연락을 받아 반갑다는 것은 알리되 주말에 쉴 때 연락하겠다고 하여 소통을 피하라.

투사적 동일시 때문에 수용자는 여러 분야에서 투사자가 자신보다 더 유능하다고 느낀다. 따라서 이들은 일을 괜찮게 해내려면 투사자가 필요하다고 생각한다. 어떤 수용자에게 축구팀 주장인 친구(투사자)가 있다고 하자. 수용자는 그와 같은 팀에 있어서 우쭐하고 신나지만 자기가 주장보다 축구를 못한다고 생각한다. 그래서 팀에서 자리를 확고히 하기 위해 투사자의 호감을 얻으려 한다. 두렵겠지만 수용자는 자존감을 끌어올려 투사자가 아닌 자신의 장점에 의지해 자기 위치를 지켜야 한다.

투사자의 자아를 달래주려고 계속 노력하는 수용자의 성향도 중단해야 한다. 수용자는 투사자를 기분 좋게 하려고 칭찬하는 데 익숙해져 있기 때문에 이 역시 어려울 수 있다. 수용자는 불안해지면 투사자가 자신을 비난하거나 공격하는 것을 막으려고 투사자의 자아를 부풀리는 경우가 많다. 이런 습관 때문에 투사적 동일시가 반복된다. 수용자가 자신감이 충분하다면 말도 안 되는 일을 하지 않을 수 있으며, 사람들이 자신을 좋아하도록 만들기 위해 아첨하는 대신 정직하고 자신감 있는 태도를 보이면서도 딱 부러지게 관계를 맺을 수 있다.

정서적으로
거리를 벌려라

투사자는 수용자가 정서적 거리를 두어 자신의 손아귀에서 빠져나가려 한다는 것을 감지하면 화가 날 것이다. 그렇더라도 처음에는 매력적이고 다정하게 굴어서 수용자가 자신과 시간을 보내도록 할 것이다. 그러나 수용자가 이를 거절해 투사자와 정서적 거리를 두려고 하면 투사자의 분노는 점점 심해진다.

바로 이때 괴롭힘이 시작된다. 투사자는 사람들을 자기 편으로 만들어 수용자를 등지게 하려고 수용자 몰래 험담을 하기 시작할 것이다. 성숙하고 건강한 성인이라면 대개 이런 종류의 교묘한 조작을 꿰뚫어 보지만 그렇지 않은 사람들도 있다. 투사자와 한패인 이들은 불안하고 남을 비난해야 자신이 나은 사람이라고 느낀다. 그래서 투사자가 사실을 왜곡한다는 것을 알면서도 그와 한편이 되어 수용자를 공격한다. 투사자는 극도로 불안할 뿐만 아니라 수용자에 대한 질투도 심하다. 수용자는 자존감이 낮기 때문에 누군가가 자신을 질투하는 이유를 도무지 알지 못한다. 이들은 상대가 질투한다고는 생각지도 못한다. 따라서 자신이 보잘것없다는 생각밖에 떠올릴 수 없다.

수용자가 요령 있게 수완을 발휘해 투사자와 정서적 거리를 두게 되면 희망은 있다. 그럼으로써 수용자는 투사자의 손아귀에서 벗어나 안전지대에 이를 수 있다. 이로써 수용자는 스스로 약하다고 느끼거나 투사자에게 부당하게 대우받지 않고, 다정하고 배려심 넘치는 사람이 될 수 있다.

수용자가 투사자와 관계를 맺었을 때 그에게서 벗어날 방법을 찾지 못하거나 정서적 거리를 두지 못하면 사회적으로 매장당할 때까지 괴롭힘당할 수도 있다. 수용자는 믿을 수 있는 사람들에게 신용을 잃고 친구도 잃는다. 투사자를 찾아내서 바람직한 방식으로 대처한다면 투사자가 아닌 사람들과 함께 살아갈 가능성이 높아진다.

수용자는 투사적 동일시에서 벗어난 삶을 살게 되면 과거에 자신감이 없어서 개척하지 못했던 재능과 자질을 극대화할 수 있다.

미처 발견하지 못한 재능과 자질은 기운을 북돋위주는 응원 구호가 된다. 수용자는 어린 시절의 경험 때문에 투사적 동일시에 늘 취약하지만 그 역학을 피하거나 그것에서 벗어날 방법을 활용하게 될 것이다. 그러면 자신감이 생겨 그 역학에서 빠져나올 수 있다. 자신감이 생기면 자신에게 기회를 줄 수 있다.

앞서 살펴본 지지 집단을 조직한 여성들은 수용자의 아우성을 잘 보여주는 예다. 성공했고 매력적이고 똑 부러지고 똑똑한 그 여성들은 투사적 동일시에서 자유로워짐으로써 갖게 된 기회와 자기 앞에 펼쳐진 미래에 신이 났고 기운을 얻었다. 서로 동료가 되어준 이들은 과거에 주입된 자기 모습이 얼마나 터무니없는지 잘 알게 되었다. 서로를 향한 공감, 그리고 자신이 과거와 같은 부당한 대우를 당해 마땅한 사람이 아니라는 공동의 믿음 덕분에 이들은 매우 강해졌다. 정서 학대에서 벗어난 이들에게 지속적인 성공과 행복은 너무나 당연하다.

누군가를 괴롭히는
그 집단을 멈추게 하라

집단 투사적 동일시의 영향력은 매우 강력하다. 앞 장에
서 설명했듯이 어른 사이에도 괴롭힘이 발생하며 이는 다
른 사람에 대한 질투가 너무 심한 투사자에게서 시작된다.

투사자가 질투하는 상대는 수용자가 된다. 투사자는 표
적이 된 수용자에게서 용납할 수 없는 무언가를 발견한 다
음, 진실을 과장하고 왜곡하여 집단 투사적 동일시를 시작

한다. 깎아내리고 혐오하는 말에 귀 기울이는 모든 사람에게 수용자에 대한 헛소문을 퍼뜨린다. 다른 사람들이 한편이 되어 왜곡된 거짓 정보를 퍼뜨리는 데 동참하면 투사자는 점점 자신의 명분이 정당하다고 느낀다.

이러한 각본에 빠진 수용자는 느닷없이 허를 찔린다. 한때 친구였거나 믿는 사람이었던 투사자가 등을 돌리고, 함께 알고 지내는 사람을 한편으로 만들어 악의적으로 자신을 공격하려 한다. 수용자는 지인들이 자신을 한심한 인간으로 생각한다는 것을 알게 되지만 이를 견디는 수밖에 없다. 수용자 곁에 투사자가 아닌 사람들이 많아서 투사자가 없어도 상관없다면 사회적으로 고립될 위험은 사라진다. 그러나 수용자 곁에는 이렇게 운명을 좌우하려는 투사자가 여럿 있을 가능성이 높다.

일레인의 경우 집단 투사적 동일시가 얼마나 심각했는지 그녀가 이혼한다는 소문이 작은 동네 전체에 퍼졌다. 이혼과 관련된 세부 내용을 터무니없이 왜곡한 단체 이메일을 많은 사람이 받았다. 그들은 일레인에게 테니스팀에서 나가달라고 했고 새로 이사 온 이웃들에 따르면 일레인의 오랜 이웃 친구들이 접근해 그녀를 험담했다. 그녀가 어딜 가든 사람들이 피하는 것 같았다.

이 역학은 너무 강력해서 이에 가담한 투사자들을 만난 뒤로 일레인은 공황발작이 시작되었다. 그녀를 비난하는 사람들을 계속 만나다 보니 전에 즐겼던 활동에 참여하기가 힘들어졌다.

일레인은 이 철저한 마녀사냥을 이해할 수 없었다. 악의적이고 모욕하려는 의도가 뻔한 사람과 어떻게 한편이 될 수 있는지 이해할 수 없었다.

어떻게 적극적으로
대처할 것인가

사람들이 투사자와 한편이 되는 경향은 무척 흥미롭다. 투사자는 남을 괴롭히는 비열한 사람인데도 말이다. 안타깝게도 괴롭힘에 동참하여 투사자의 행동이 계속되도록 하는 사람들도 불안하고 남을 질투한다. 수용자는 대립해봤자 또 다른 분란만 일어날 테고 투사자가 왜곡하고 악용할 새로운 소재를 제공할 뿐이라는 것을 알기 때문에 자신을 방어할 수 없다.

이들은 사람들이 자신을 싫어한다는 감정에 차츰 익숙해진다. 사람들이 자신을 좋아하게 만들려고 상당한 에너지를 쓰는 수용자에게 이는 정말 고통스럽다. 그러나 이 불편한 감정을 견디면서 다른 방법으로 싸워 투사자를 이길 수 있다.

집단 투사자들은 험담하고 증오를 퍼뜨리는 데 많은 시간을 할애하므로 다른 일을 할 시간이 별로 없다. 그러나 수용자에게는 시간이 있다. 수용자는 이 시간을 활용해 업무 능력을 개발하고 새로운 일을 시도하고 책을 쓰고 무언가를 발명하고 마라톤에 참가하고 아이들을 데리고 여행을 가고 개를 구조하고 노숙인 쉼터에서 자원봉사하는 등다양한 일을 할 수 있다.

수용자는 삶이 산산조각나도록 놔두지 말고 자기 삶에전력을 다해야 한다. 대체로 창의력이 뛰어난 수용자는 투사자에게 느끼는 분노를 에너지 삼아 개인적인 성공을 뒷받침하는 일은 물론이고 세상에 선을 전파하는 일까지 할 수 있다.

투사자와 달리 수용자는 행복해지려고 노력한다. 이들의 행복은 남을 돕고 남과 함께할 때 느끼는 만족감에서 비롯된다. 이들은 다른 사람의 행복에서 기쁨을, 슬픔에서 고통을 느낀다. 다른 사람의 경험에 마음 깊은 곳이 울리고 유대감을 느끼는 수용자에게는 공감하고 나누는 능력이 있으며 이를 통해 다른 사람들과 가까워진다. 또한 가치를 훼손당한 경험이 있기 때문에, 폄훼당하고 하찮은 존재로 따돌림당하고 괴롭힘당한 사람들에게 공감한다. 존엄성을 빼앗긴 사람들을 가장 먼저 옹호하는 이는 대개 수용자다. 이들은 인도주의자인 경우가 많다.

집단 투사적 동일시를 견뎌내면서도 자녀, 가족, 친구를 사랑하고 그들에게 사랑받을 수 있을 정도로 굳건한 수용자는 폭풍에서 살아남을 것이다. 이들이 살아남으면 결국 투사자가 다시는 괴롭히지 못할 것이다. 적극적으로 행동하여 투사자와의 싸움에서 우위를 점하면 정서적 거리가 생기고 집단 투사적 동일시를 중단할 수 있을 것이다.

투사자의 목적은 집단 내에서 수용자의 평판을 망가뜨리는 것이다. 수용자가 동요하지 않고 개인적으로나 직업적으로 계속 성과를 보이면 투사자는 좌절하고 만다. 이렇게 되기까지는 몇 달이나 그 이상으로 시간이 걸릴 수 있지만 남을 괴롭히는 사람들이 다들 그렇듯이 투사자도 피해자를 겁주는 데 실패하면 흥미를 잃고 만다.

투사적 동일시 중단하기
4단계

정서적

거리 두기

정서적 거리 두기는 친구들 사이나 확장된 가족 관계에서 발생한 투사적 동일시에 효과적인 방법이다. 이때 투사자들이 많이 쓰는 수법은 몰래 험담하기다. 이들은 사람들을 자기편으로 만들어 당신을 공격할 목적으로 함께 알고 지내는 친구와 지인에게 사실을 왜곡하여 전한다.

- 투사자가 당신의 삶에 개입하지 못하도록 한다. 무엇이든 그들에게 도움을 청하지 않고 개인적인 이야기를 하지 않는다.

- 교류 횟수를 줄인다. 투사자에게 문자메시지나 이메일을 보내지 않고 전화도 하지 않는다. 그들의 문자메시지나 전화에 응답할 때에는 정중하고 활기차면서도 짧고 간결해야 한다. 일이 덜 바빠지면 연락하겠다고 알린다.

- 투사자의 과장된 각본에 휘말리지 않는다.

- 현명하게 선을 긋는다. 부탁을 거절하거나 도움을 주지 않음으로써 투사자를 달래거나 투사자와 함께하지 않는다.

- 투사자와 함께 있을 때 고개를 들고 당당한 태도를 취한다. 말로 표현하지는 않되 투사자에게 당신이 그들의 수법에 눈 하나 깜빡하지 않으며 자신감이 넘친다는 것을 보여준다.

투사자에게 정중하고
단호하게 맞서기

이 방법은 투사자가 당신을 계속 비난하거나 면전에서 괴롭힐 때, 또는 이메일이나 문자메시지를 통해 직접 공격할 때에만 사용해야 한다.

- 투사자의 말을 맞받아쳐 공격하지 않고 침착하게 응답한다.
- 과장된 말을 사용하지 않고 투사자의 공격이 옳지 않고 부적절하다는 것을 알린다.
- 그만하라고 정중하게 말한다.
- 투사자는 몹시 화가 나서 분노를 터뜨리면서 당신의 한계를 시험하려 들 것이다. 절대 반응하면 안 된다. 정중히 대화에서 빠져나가라.
- 투사자가 계속 험담하겠지만 무시하고 또 무시해야 한다. 그들은 싫증이 날 테고 사람들은 험담 듣는 것을 지겨워할 것이다.

투사자보다
한 수 앞서기

투사자가 수용자를 지배하거나, 투사자에게 영향력을 행사하는 결혼 생활이나 괴롭힘에서 효과적인 방법이다. 수용자가 머리를 쓰고 기지를 발휘해 투사자의 자기애를 역으로 이용한 사례를 살펴보자.

- 잰의 남편은 자녀들을 말로, 그리고 정서적으로 학대했으면서도 결혼 생활 내내 주 양육자였던 잰에게 상처주기 위해 양육권을 빼앗아 올 생각을 했다. 잰은 남편이 화를 잘 내고 퇴근 후나 주말에 아이들에게 방해받는 일을 극도로 싫어한다는 것을 잘 알았다.

  힘들었지만 그녀는 남편과 아이들만 두고 몇 번 집을 비웠다. 남편은 금세 아이들에게 화가 나서 발끈했다. 며칠 뒤 그가 아이들과 잰에게 소리쳤다.

  "애들은 날 털끝만큼도 존경하지 않아! 당신이 데려가!"

잰은 양육권을 온전히 가져올 수 있었다.

● 돈의 전 아내는 심하게 통제하는 성격이었다. 그녀는 돈의 삶을 속속들이 알려고 들었다. 아이들이 돈과 함께 있을 때 통화할 수 있도록 돈의 새로운 거처에 전화를 놓으라고 고집하기까지 했다.

그러나 돈은 자기가 집에 있는지 없는지 감시하려는 것임을 눈치챘고, 전화를 아이들이 받을 것이라고 추측한 그녀가 돈과 함께 있는 아이들을 독점하려는 것임을 알았다. 돈은 집 전화를 설치했지만 벨이 울리지 않도록 무음으로 해놓았다. 어느 날 밤 그의 집 전화로 부재중 전화를 15통 한 뒤로 전 아내는 다시 집으로 전화하지 않았다.

괴롭히는 사람을
삶 저쪽으로 제쳐두기

이 방법은 괴롭힘은 물론이고 모든 투사적 동일시에 효과적이다.

- 당신 자신의 생활에 몰입함으로써 당신을 괴롭히는 사람이 당신 삶에 끼어들 여지가 없게 만든다. 예를 들어 다음과 같은 활동을 할 수 있다. 진급(승진) 시험 응시하기, 마라톤에 참가하기, 정원 가꾸기, 글쓰기, 학교에 다니기, 그림 그리기, 조각하기, 학회에 참석하기 등.

- 자신을 믿는다. 투사자는 여러 가지 면에서 당신이 형편 없는 사람이라고 믿게끔 만든다. 이 믿음을 되돌려 형편 없다고 생각한 일들을 잘할 수 있도록 배운다. 처음에는 자신감이 없어서 힘들겠지만 될 때까지 노력하고 또 노력하라.

- 주위에 아무도 없는 외로운 사람들과 시간을 보내는 것으로 응수한다. 무엇이든 좋으니 할 수 있는 방법으로

약자를 돕는다.

- 자녀를 마음껏 사랑한다.

자신의 상황을 인식하고
현실을 깨닫기

여러 해에 걸쳐 비하와 모멸을 겪고 나면 당연히 수용자는
투사자가 매우 싫어진다. 그러나 수용자는 투사자를 싫어
한다는 사실을 부정하거나 숨긴다. 여전히 투사자가 필요
하거나 그에게 빚을 졌다고 생각하기 때문이다. 그럼에도
수용자는 정서적으로 성장할 수 있으므로 자신이 교묘하
게 조종당하고 부당하게 대우받는다는 사실을 천천히 단

계적으로 인식한다.

이렇게 수용자가 자신의 상황을 인식하고 나면 투사자에게서 벗어날 방법을 모색하기 시작한다. 주로 자신을 존중하고 친절하게 대하는 사람을 만나는 경우에 불현듯 현실을 깨닫는다. 어쩌다가 그 사람과 연인 관계로 발전하게 되면 수용자는 서서히 눈을 뜬다. 다른 사람이 동등한 입장에서 이야기하고 싶어하고 자신의 생각에 관심을 갖고 의견을 존중하고 진심으로 배려하는 것을 깨닫는 것은 수용자에게 결정적인 영향을 미친다. 정서적으로 고립되어 외로움 속에서 존중받지 못한 채 몇 년을 살다가 가치 있고 사랑받는다는 느낌을 주는 사람을 찾으면 다시 태어난 기분이 든다.

투사자는 형편없는 연인일 가능성이 매우 높다. 뼛속까지 이기적이고 수용자를 비하하려는 욕구에 찬 투사자는 침대에서도 기계적이고 자기만 위하고 배려하지 않는 경우가 많다. 이들이 자기만족에만 신경 쓴다는 사실만 봐도 그럴 가능성이 높다는 것을 알 수 있다.

상담소에서 만난 부부들 중 수용자는 대부분 배우자와의

성관계를 피한다고 답했다. 일레인은 성관계에 응하지 않으면 죄책감을 느끼도록 만드는 남편 때문에 어쩔 수 없이 응한다고 했다. 침대에 누워 관계가 끝날 때까지 눈을 꼭 감고 이를 악문다고 했다. 앤의 남편은 성관계를 피하는 그녀를 '얼음공주'라는 별명으로 부른다고 했다.

일레인과 앤 모두 자신에게 잘못이 있다고 생각했다. 일레인은 자신이 동성애자가 아닐까 심각하게 고민했고 앤은 남편에게 심할 정도로 성욕을 느끼지 못해서 병원에 가서 여성호르몬 주사까지 맞았다.

그러나 두 사람 모두 진심 어린 사랑과 존중을 보여주는 남자를 만나자 달라졌다. 이들은 굶주린 아기가 젖을 먹을 때와 같은 강한 욕구를 느꼈다고 설명하면서 한 번도 느껴보지 못했고 가능하리라고 생각지도 못한 육체적 감각이었다고 했다. 기쁨에 들뜬 이들은 오랜 세월 동안 무엇을 놓치고 살았는지 깨달았다.

첫 깨달음은 머리에서 왔지만 두 번째는 감각에서 왔다. 두 사람의 얼굴에는 기쁨이 가득했다. 사랑받고 귀하게 대접받는 일은 이들이 오랫동안 느끼지 못한 감정이었다.

차라리 맞는 게 낫겠다는
생각이 들 때

투사적 동일시가 흥미로운 동시에 강력한 영향력을 행사하는 이유는 의식하지 못하는 사이에 전이transfer가 발생하기 때문이다. 투사적 동일시는 단순히 상처주는 말을 내뱉어 수용자를 무력하게 만드는 것이 아니다. 이 역학은 반드시 말을 주고받아야만 작용하는 것이 아니다.

투사자는 보이지 않는 전쟁을 일으켜 무의식중에 해를

가하는데 수용자가 이런 유형의 역학을 모르면 투사적 동일시를 식별하거나 진단하기가 거의 불가능하다. 언어적, 신체적 학대 모두 상대방이 병적인 상태라는 증거지만 대부분의 투사자들은 영리해서 언어적, 신체적 폭력을 이용하지 않고 해를 입힌다.

최근 일레인은 명망 있는 단체에서 연구 보조금을 따냈고 그 덕분에 급여가 인상되었다. 그녀는 자신이 정말 자랑스러웠고 이 일을 업무 경력상 최고의 성과라고 생각했기에 친한 친구들과 자녀들에게 이야기했다. 그녀가 이 일로 아직 들떠 있던 어느 날, 아들의 농구 경기에 가게 되었다. 그곳에서 투사자인 남편을 만난 그녀는 이내 자신이 하찮게 느껴졌다. 그녀는 자신이 바보 같은 생각이나 하는 어린애가 된 기분이었다고 설명했다. 기가 죽고 의기소침해져서 상담소에 온 그녀는 몇 년 동안 열정을 쏟아부은 일을 말하면서도 슬프고 감흥 없어 보였다.

그러나 왜 이런 기분이 드는지 잘 알았다. 그녀는 투사자 때문에 자기 삶에 일어난 기쁜 일을 거의 모두 망쳤다고 말했다. 그는 일레인이 아이들은 물론이고 누구와도 즐겁게 지내는 모습을 두고 보지 못했다. 사사건건 끼어들어 악의적이고 비하하는 태도로 그녀를 못살게 굴었다. 한번은 일레인이 그에게 이렇게 말한 적도 있었다.

"당신은 나한테 좋은 일만 생기면 어떻게든 망치려고 하네."

일레인이 친구들이나 아이들과 즐겁게 지낼 때나 자신이 이룬 일로 기분 좋아할 때, 남편은 농담이라는 미명하에 악의적인 말로 그녀를 깎아내렸다. 가끔은 남편이 응원하는 말을 하기도 했지만 일레인은 남편이 그녀가 낸 성과에 진심으로 기뻐할 수 없는 사람임을 알게 되었다. 결국 그녀는 말보다 행동이 중요하다는 것을 깨달았다.

배우자에게 기쁨을 끊임없이 방해받은 경험은 비언어적 투사적 동일시의 영향력을 더욱 강화했다. 자신감을 무너뜨리고 관계를 망치는 것이 남편의 목적임을 알게 되자 일레인은 총알이 날아오기를 기다리는 인간 표적이 된 기분이었다. 남편이 악의적인 말을 내뱉고, 노려보고, 모함하며 교묘하게 조종하는 등 온갖 무기를 쓸 때마다 그녀는 무의식 깊은 곳에 있는 잠재력이 공격당하는 기분이었다.

가혹한 심리 공격을
견뎌내는 법

투사자의 진짜 목적은 수용자를 완전히 망가뜨리는 데 있는데, 대부분의 경우 말을 도구로 사용하지 않는다. 이런 유형의 심리 공격은 신체적 고통보다 훨씬 괴롭고 파괴적이다. 실제로 집단상담에서 대부분의 내담자들이 '차라리 투사자에게 맞는 게 낫겠다'고 생각했다고 밝혔다. 이들은 투사자에게 부당하게 대우받고 학대받는다고 느꼈음에도 그 모든 것이 자신의 주관적인 판단이라고 믿었다. 그 부당한 대우가 눈에 보이지는 않기 때문이다. 이들은 차라리 투사자에게 물리적으로 맞았다면 자기 탓을 하며 잘못된 관계에 남아 있지 않고 떠났을 것이라고 했다.

　캐리의 사례를 통해 투사자의 존재만으로 수용자의 자

존감이 낮아지는 현상을 살펴볼 수 있다.

문제는 그녀가 전남편에게 아이들을 데려다주고 데려오는 상황에서 발생했다. 처음에 투사자는 욕을 했다. 그러나 그녀가 변호사를 선임한 뒤로는 몇 번 마주치는 동안 아무 말도 하지 않았다. 때로는 욕보다 침묵이 더 힘들었다. 캐리는 혼자서 아이들을 잘 돌볼 수 있을지 불안해하며 겁먹고 초조한 상태로 남편과 헤어졌다. 일이 하루가 다르게 잘되고 있었는데도 무능하다고 느꼈다. 상담 시간에 그녀는 이런 감정이 며칠 동안 남아 있었다고 말했다.

캐리가 유능하다는 사실을 잘 아는 친구들은 그녀가 전남편과 함께 있을 때 눈에 띄게 자신감을 잃는다는 것을 알아보았다. 그녀가 평소 모습을 되찾도록 도우려고 친구들은 힘나는 명언, 글귀, 노래 가사 같은 것들을 보내주었다. 캐리는 투사자인 전남편과 함께 있을 때 자신이 달라진다는 것을 깨달았고 그를 만나고 난 다음에는 친구들과 가족에게 적극적으로 도움을 구했다.

캐리가 투사자를 만나고 난 다음이면 친구들이 모여들었다. 어느 친구는 이를 투사적 동일시 증후군 *projective* identification syndrome, PIS이라고 불렀다. 캐리는 그 친구에게 전화를 걸어 "오늘 제정신이 아니야. 어젯밤에 PIS 발작했어"라고 말했다. 그러면 친구들은 그녀가 힘을 내도록 문자메시지를 보내주었다. 마침내 이들은 'PIS 발작'을 농담거리로 삼게 되었고 이 말을 친구들 사이의 유행어로 만들어서 캐리가 상처에서 벗어날 수 있게 했다.

잰은 두 가지 글귀를 늘 가지고 다니면서 불안이 느껴지면 하루에도 몇 번이고 읽었다. 첫 번째 글귀는 TV 드라마 〈그레이 아나토미〉에 나온 '넌 그 여자를 사랑한 게 아니야You Didn't Love Her'라는 제목의 대사였다.

1. 넌 그 여자를 사랑한 게 아니야

"넌 혼자가 싫었던 것뿐이야. 아니면 그 여자가 네 자아에 만족을 주었을지도 모르고. 비참한 인생에서 그 여자 덕분에 네 기분이 좀 좋아졌을 수도 있어. 하지만 넌 그 여자를 사랑한 게 아니야. 사랑했다면 그렇게 망가뜨리지는 않았을 테니까."

2. 무제

"오늘 우리 모습은 우리가 선택한 것이다. 아무도 다가와서 구해주지 않는다. 스스로 구해야 한다. 아무도 당신에게 뭔가를 주지 않는다. 스스로 나아가서 쟁취해야 한다. 당신이 원하는 걸 아는 사람은 당신뿐이며 그걸 손에 넣지 못했을 때 아무도 당신만큼 애석해하지 않는다. 그러니 꿈을 포기하지 마라."

길게 보고

인내해야 한다

수용자는 투사자와 정서적으로 거리를 둔 뒤에도 여린 부분을 계속 간직하고 있다. 이들은 불안을 안고 관계를 시작했고 그 불안을 찔리고 또 찔려 엄청난 상처를 입었다. 투사자는 불안해하는 수용자를 응원하거나 격려하지 않고 그들에게 창피를 주었고 그들이 불안을 느끼는 활동을 잘해낼 가망이 없다고 여겼다. 그 결과 수용자는 자신의 무능을 극복할 수 없다고 생각해 그 활동을 포기했다.

투사자에게서 독립하면 벌어진 상처가 서서히 회복되지만 그 상처는 수용자에게 여전히 매우 취약한 부분이다. 불안을 느끼는 활동을 끝까지 해내는 데 도움이 되는 것은 시간과 인내뿐이다. '로마는 하루아침에 지어지지 않았다'는 격언을 기억하자. 단단한 자존감도 마찬가지다. 투사자와 관계를 맺지 않으면 자존감의 토대를 튼튼하게 다질 가능성이 기하급수적으로 높아진다.

일레인은 투사자에게서 벗어난 뒤에도 불안을 심하게 느꼈다. 매달 신용카드 대금을 문제없이 치르면서도 카드로 물건을 구매할 때마다 자책했다. 값싼 물건을 하나 살 때에도 죄책감을 느끼고 스트레스를 받았다. 당연히 쇼핑하는 즐거움은 온데간데없었다. 계산대의 금전등록기만 봐도 속이 쓰릴 지경이었다. 투사자의 목소리가 머릿속에서 맴돌았기 때문이다.

"당신은 돈 못 모아. 돈 관리가 엉망진창이잖아."

일레인은 힘겨운 싸움이 될 줄은 알았지만 자기 능력에

대한 믿음이 없어서 그 싸움이 더욱 고통스러웠다. 마침내 그녀의 심한 불안은 신중함으로 바뀌었고 자기가 번 돈을 쓴다는 데에서 얻는 만족감은 값을 매길 수 없이 소중했다.

캐리가 정신적인 휴식을 취하는 방법은 조깅이었다. 약간 과체중인 그녀는 투사자에게서 마라톤을 하기에 부적합하다는 말을 들었다. 이혼 후에 그녀는 전에 없이 가열차게 달렸다. 마라톤 경기 당일에는 기운이 넘쳤지만 20킬로미터 표시가 나타나자 근육이 위축되면서 옆구리에 쥐가 났다. 그녀는 녹초가 돼서 "그 사람 말이 맞았어"라고 중얼거렸다. 그러나 응원하는 사람들의 환호에 마음이 바뀌었다. 그녀는 악조건을 뚫고 달렸고 2킬로미터 주파 시간이 출발할 때보다 더 단축되었다. 그녀는 웃으면서 결승선을 통과했다.

투사자가 사라진 뒤에도, 시간이 지나 성공 경험이 쌓일 때까지 투사는 남아 있다. 다른 모든 것이 그렇듯이 시간이 걸린다. 시도하고 실수하고 연습하고 교훈을 얻고 자신을 용서하고 다시 노력해야 한다. 투사를 몰아내는 일은 힘겨운 싸움이다.

그러나 당신은 해야만 한다. 자신에게, 그리고 자녀들에게 영웅이 되어야 한다. 당신은 할 수 있다!

불안을 잠재우고 절망에 빠지지 않는 방법

1. 명상의 연장선상에서 심신을 달래고 몸과 마음을 연결하는 신체 활동을 한다.

A) 요가

B) 달리기

C) 걷기

D) 마사지 요법

2. 종교 활동이나 영적인 활동을 한다.

A) 교회, 성당, 유대교회당, 예배당 같은 곳에 간다.

B) 기도한다.

3. 나이 든 사람이나 어린아이들과 시간을 보낸다.

A) 자녀나 조카 등 아이들과 재미있는 일을 한다.

B) 부모나 조부모와 시간을 보낸다.

4. 일기를 쓴다.

5. 힘 나는 음악을 듣는다.

6. 특별한 사람을 위해 요리한다.

7. 힘 나는 글을 읽는다.

8. 심리상담을 받는다.

9. 자원봉사 활동을 한다.

10. 반려동물과 시간을 보낸다.

11. 약을 처방받아 복용하는 것도 고려해본다.

12. 친구와 재미있는 영화를 본다.

투사자는
고쳐 쓸 수 없다

투사자는 이혼 절차가 완료된 뒤에도 수용자가 없어졌다
는 사실을 받아들이지 못한다. 이들은 수용자에 관한 사
실을 왜곡할 뿐만 아니라 자기 자존감을 보호하려고 현실
까지 왜곡한다. 자기만의 시각으로 현실을 바라보고 자기
가 잘못한 일을 편리하게 잊어버린다. 이는 일종의 망상
성 기억상실delusional amnesia이다. 수용자가 일이 발생한 정

확한 날짜와 시간까지 꼬집어 투사자에게 자세히 설명해도 투사자는 현실을 부정하고 자기 기억에서 지워버린다. 이들은 자신이 끔찍한 일을 저질렀다는 사실을 기억하지 못한다.

병적인
거짓말쟁이

집단상담에서 샐리는 남편을 '병적인 거짓말쟁이'라고 했다. 그녀가 생생히 기억하는 끔찍한 일을 저질러놓고 부정하기 때문이었다. 그러나 그는 자신이 만들어낸, 사실과 전혀 다른 현실이 진짜라고 확고하게 믿었기에 샐리는 그가 거짓말을 한다고 생각할 수밖에 없었다.

일레인의 남편도 비슷했다. 그는 어찌나 진짜인 것처럼 순진한 척했는지 함께 알고 지내는 모든 친구들에게 학대하는 남편이 아닌 완벽한 남편이라는 확신을 심어주었다.

이는 어느 날 밤 남편이 일레인의 집으로 불쑥 찾아와

이혼하지 말자고 설득할 때 분명해졌다. 일레인은 그가 수도 없이 저지른 끔찍하고 가학적인 행동을 자세히 설명했다. 그녀가 말하는 동안 남편은 귀 기울여 듣는 것 같았지만, 다음 날 그는 모든 일이 기억에서 깨끗하게 지워진 듯이 계속 일레인을 괴롭혔다. 전날 밤에 그녀가 하나하나 설명해준 사건들이 밤사이에 머릿속에서 증발한 듯했다.

잰의 사례도 비슷했다. 그녀와 남편은 부부 상담을 받는 중이었다. 어느 날 상담 중 남편은 화가 나서 잰의 얼굴 앞에 손가락을 들이대고 흔들며 그녀에게 '형편없는 엄마'이자 '구역질 나는 사람'이라고 했다. 잰은 그를 진정시킨 다음에야 겨우 말할 수 있었다. 잰의 말에 따르면 전날 밤에 남편이 자낙스(항우울제, 항불안제-옮긴이)를 일곱 알 먹고 그녀의 목을 졸랐다. 이 말에 남편은 다시 화를 내며 잰을 비난했지만 무심코 그 일을 시인했다.

며칠 뒤 상담소에 온 잰은 남편이 그녀와 자기 변호사 양 측에 그 사건을 완강하게 부인했다고 했다. 다음 날 그는 분노에 차서 잰에게 커피잔을 던졌다. 이번에도 그는 그 일을 부인했다.

관계 초반에 투사자는 학대 행위를 자기 머릿속에서 완벽하게 지우기 때문에 수용자는 자기 기억을 의심한다. 정신적 외상을 초래할 만한 사건은 여느 정신적 외상과 마찬가지로 피해자의 기억에 각인되는데 이 기억은 견딜 수 없이 고통스럽다. 수용자에게는 자신이 학대당한 현실을 받아들이는 것보다 잊어버리려고 애쓰는 편이 쉽다. 이들은 자신이 기억하는 현실이 너무 고통스러운 나머지 투사자의 현실에 굴복한다. 그러나 이는 임시 방편일 뿐이다. 결국 수용자가 자기 기억과 타협하고 그 기억을 존중해야 할 때가 온다. 자기 기억을 존중함으로써 자신을 존중할 수 있다.

잰의 정신적 외상을 부른 경험이 이를 잘 보여준다. 집단상담에서 그녀는 남편이 이성을 잃고 약을 과복용한 다음 그녀의 목을 졸랐던 일을 다시 이야기했다. 내담자들은 그녀에게 공감했지만 왜 경찰을 부르지 않았는지 물었다. 잰은 충격이 너무 컸다고 대답했다. 사태의 심각성을 깨달

앉을 때에는 경찰을 부르기에 이미 늦었다. 그러나 그녀는 신체적으로 위협당하는 일이 다시 발생하면 즉시 긴급전화 911에 전화하기로 진지하게 맹세했다.

투사자와 정서적으로
거리를 두라

투사자는 현실을 왜곡해서 보기 때문에 자신이 수용자를 더 이상 지배할 수 없다는 사실을 받아들이기 힘들어한다. 이들은 현실을 부정하면서 수용자에게 아직 지배력을 미칠 수 있다는 것을 보여주려고 틈만 나면 수용자와 교류하려 한다.

거의 1년에 걸쳐 이혼 절차를 밟고 난 뒤 캐리의 남편은 그녀의 집에서 한 블록밖에 떨어지지 않은 곳으로 이사를 갈 것이고, 엄마와 다시 합칠 것이라고 아이들에게 말했다. 이때 수용자가 투사자와 정서적 거리를 유지하기 위해 단호하게 선을 그을 정도로 분별력이 있다면 더할 나위 없이 바람직하다.

수용자가 연애 상대로 관심을 둔 사람이 있다는 것을 투사자가 알게 되면 이들은 불난 데 기름을 붓는 격으로 재빨리 투사적 동일시를 다시 시작한다. 이때 투사자는 수용자만 공격하는 것이 아니라 수용자의 새로운 연인(애인)과 그들의 관계를 상대로 전쟁을 벌인다. 안타깝게도 수용자의 약점을 잘 알고 여러 해 동안 이용해온 투사자가 유리한 입장에 있다. 수용자는 오랫동안 투사적 동일시에 얽매어 있었기 때문에 빠져나오는 데 최소한 몇 달이 걸린다.

대부분의 수용자는 새로운 관계를 제대로 유지할 능력이 있을지 불안해한다. 이전 관계에서는 문제가 발생하면 자기 탓이라고 비난받았기 때문이다. 투사자는 이 취약한 점을 자신에게 유리하게 이용해 수용자의 새로운 연인을 깎아내리며 수용자의 선택을 공격한다. 주로 새로운 연인이 형편없는 사람이라고 비난하면서 수용자가 새로운 연인의 성격을 의심하도록 만든다.

투사자는 자신이 새로운 연인을 잘 안다고 내세우는 수법을 동원하기도 한다. 일레인의 투사자는 그녀의 새 연인이 사기꾼, 바람둥이, 술꾼이라고 험담했다. 일레인은 사실이 아니라는 것을 알았지만 이 말을 듣자 연인에 대한 의심이 싹트기 시작했다. 투사자는 그 사람이 자기보다 돈을 못 번다는 이유로 그를 '찌질이'라고 부르기도 했다. 인종차별적인 욕을 해가면서 새로운 연인의 아이들까지 공격했다. 일레인이 투사자의 말을 격하게 반박했지만 그는 일레인이 한동안 새로운 관계에서 즐거움을 느끼지 못할 정도로 그녀에게 의심을 주입하는 데 성공했다.

투사적 동일시가 일레인의 연인에게 집중된 것처럼 보이지만 실제로는 연인에 대한 일레인의 감정에 영향을 미쳤다. 자기 자신에 대한 일레인의 감정에 영향을 주었던 것과 마찬가지다. 다행히 일레인은 투사적 동일시가 무력해질 정도로 정서적 거리를 유지할 수 있었다.

이중 사슬에서
벗어난 사람들

제약회사 영업사원 에디는 옷을 잘 입었고 일도 똑 부러지게 잘했다. 그러나 그에게는 깊은 슬픔이 있었다. 그는 딸 헤일리에게 상담이 절실하게 필요하다면서 딸 대신 상담소에 왔다고 말했다.

이혼한 그는 새로운 약혼녀 글로리아와 자신의 딸 헤일리 사이의 시한폭탄 같은 관계 때문에 딸과 멀어진 기분이었다. 그는 글로리아와 동거 중이라 헤일리가 그 집으로 찾아왔는데 그때마다 두 여자 사이에 상당한 긴장감이 생겼다.

글로리아는 헤일리가 자기 딸과 함께 집안일을 거들기를 바랐지만 헤일리는 거부했다. 헤일리는 휴대전화를 들고 화장실이나 침실에 틀어박혀 문을 잠그고 혼자 저녁을 보내기 일쑤였다. 헤일리의 반응에 화가 난 글로리아는 헤일리가 엄마인 자신을 존중하지 않는다고 생각했다. 에디는 헤일리가 밖으로 나오도록 달래고 설득했지만 소용없었다. 헤일리는 글로리아가 자기를 마음대로 조종하려 하고 냉정하다고 생각했다.

한번은 에디와 글로리아가 두 딸들을 데리고 아침 식사를 하러 나갔는데 식탁에 앉은 헤일리가 문자메시지를 보내기 시작했다. 에디가 휴대전화를 내려놓으라고 점잖게 타일렀지만 헤일리는 대꾸도 하지 않고 계속 메시지를 보냈다. 이 상황이 거슬린 글로리아가 헤일리를 나무랐다. 그러자 헤일리는 벌떡 일어나 밖으로 나갔고 제 엄마에게 전화했다. 헤일리의 엄마는 헤일리를 집으로 데려갔고 에디와 글로리아는 남은 주말 내내 헤일리를 볼 수 없었다.

에디는 헤일리 엄마와의 결혼 생활이 원만하지 않았다고 했다. 이혼 후에도 그는 전 아내가 일하는 주중 저녁 시간 동안 그녀의 집으로 가서 헤일리를 돌보는 등 전 아내와 헤일리를 모두 뒷바라지하려고 애썼다.

그는 헤일리와 함께 저녁 먹으러 나가고 그녀의 숙제를 도와주는 일이 즐거웠다고 했다. 또한 에디는 헤일리의 배구선수 활동을 뒷받침했다. 딸이 출전하는 경기는 대부분 참관했고 다른 주에서 시합이 열릴 때면 언제나 데리고 갔다. 그러려면 자기 생활을 등한시하고 퇴근도 일찍 해야 했기 때문에 조금 힘들었지만 에디는 딸을 뒷바라지하는 일이 즐거웠다. 그는 전 아내가 저녁에도 일을 해야 하는 사정과, 다른 남자와 데이트도 활발하게 하고 싶어하는 마음도 이해했기에 기꺼이 그녀의 빈자리를 채웠다.

6년 뒤 에디는 글로리아를 사귀게 되었다. 처음에는 죄책감이 들었지만 헤일리가 이혼의 상처에서 회복하고 제 아빠가 여자친구 사귀는 것을 편하게 받아들일 만큼 시간이 충분히 지났다고 믿었다.

상담 중에 에디는 헤일리의 돌출 행동에 책임을 느낀다고 털어놓았다. 그는 글로리아와의 관계를 끝내야 할지 고민했지만 결국 글로리아의 제안에 따라 서로 다른 양육 방침을 잘 통합하고 딸의 행동을 바꾸면 일이 잘 풀릴지도 모른다고 생각했다.

몇 주 뒤 에디는 주말 연휴에 글로리아와 떠나기로 한 여행이 기대된다고 했다. 헤일리가 배구 시합 주 예선 결과에 따라 전국 토너먼트에 출전할 수도 있다는 것을 잘 알았지만 그녀의 팀이 진출하면 헤일리의 엄마가 경기가 있는 지방으로 딸을 데려가기로 설득했다. 에디는 헤일리의 중요한 경기를 놓치게 되어 갈등했지만 글로리아와 보내는 주말도 매우 중요하다고 생각했다.

다음 상담에 에디는 심란해하고 전전긍긍하며 우울한 상태로 와서 이렇게 말했다.

"엄청난 실수를 저질렀어요."

헤일리가 전국 결선에 진출했지만 헤일리 엄마가 변덕을 부려 헤일리를 데려갈 수 없다고 선언했다. 에디가 다시 생각해달라고 간청했지만 헤일리 엄마는 그러지 않았다. 에디는 자기가 갈등을 회피하려고 전 아내에게 단호하게 굴지 못했기 때문에 이 모든 상황이 자기 잘못이라고 했다.

글로리아에게 이를 이야기하자 그녀는 화를 냈고 절대 여행을 양보할 수 없다고 했다. 에디가 여행을 취소하면 앞으로 주말에 자기 집에 헤일리가 못 오게 할 것이라고 말했다. 에디는 좌절했다. 글로리아와 관계를 유지하려면 헤일리의 시합을 포기해야 했다. 그는 상황을 이렇게 만든 자신을 탓했고 약속을 지키라는 글로리아의 요구가 정당하다고 굳게 믿었다.

엄청난 고민 끝에 에디는 바람직한 관계라면 어느 한쪽이 최후통첩 같은 말을 쉽게 해서는 안 되며, 아이와 관련된 일에는 더욱 해서는 안 된다는 것을 깨달았다. 글로리아는 공부도 많이 하고 똑똑해보였지만 그녀의 주장이 협박에 불과하다는 것도 깨달았다.

그는 약혼녀가 자신을 진정으로 사랑하고 배려한다면 힘들더라도 자신과 딸 사이에 고의적으로 끼어들지 않을 것이라는 결론에 이르렀다. 에디는 자신이 두 투사자 사이에 끼어서 전쟁 태세를 갖추고 있었다는 것을 깨달았다. 그에게는 딸과의 관계를 지키고 유지하는 것이 최우선이었다.

헤일리가 사립고등학교 배구 시합 대항전에서 2학년 부문 1위에 올랐다는 사실을 알게 된 에디는 깜짝 놀랐다. 동료 선수들이 헤일리를 무척 좋아하고 헤일리가 친절하다는 말도 우연히 듣게 되었다. 이는 모두 헤일리의 인생에서 매우 중요한 일이었으나 에디와 글로리아는 모르고 있었다. 딸이 코트 안팎에서 매우 잘해내고 있다는 사실을 알게 된 뒤, 오랫동안 헤일리의 숙제를 도와주기를 잘했다는 확신을 갖게 된 에디는 얼떨떨해졌다. 글로리아의 주장과 달리 딸이 부끄럽지 않고 자랑스러운 아이라는 사실을 새삼 깨달았다. 에디는 자신이 딸의 성공에 기여했다는 생각을 한 번도 해본 적이 없었다.

투사적 동일시는 수많은 관계에서 작용하기 때문에 모든 관계에서 그 가능성을 반드시 고려해야 한다. 에디와 같은 사례는 드물지 않게 볼 수 있으며 상당수의 남자들이 수용자가 된다.

남자와 여자는 매우 다른 방식으로 정서를 처리한다. 여자가 투사적 동일시의 피해자가 되어 해결책을 찾고자 할 때는 일반적으로 관대하게 받아들여지는 반면, 남자가 그러면 비웃음을 사는 경우가 많다.

연구 결과에 따르면 자신이 수용자라는 사실을 받아들이기 더 힘들어하는 쪽은 남자다. 문제를 정면으로 맞닥뜨리고, 해결하려 씨름할 때 느끼는 두려움과 당혹감 때문인 듯하다. 문제의 해결책을 찾고자 한다는 것은 그 문제가 실제로 존재한다는 뜻인데 일부 남자들에게 이는 자아를 얻어맞는 상황이다.

Emotional Terrorism

4장

잘못된 관계의 사슬을
끊어내라

내 인생을 망치는 유독한 인간관계 정리법

우리는 왜 타인을
괴롭히는가

세계 각국에서 학교 폭력 추방 캠페인이 대대적으로 진행
되고 있음에도 불구하고, 괴롭힘은 그 어느 때보다 널리 퍼
진 듯하다. 이 잔인한 유행은 아주 어린 나이부터 시작되어
매일 수많은 아이들에게 영향을 미친다.

　이 유독한 폭력은 어떤 이유로 시작되어 전염병처럼 퍼
져가는 걸까? 과연 이 관계를 끊고 예방할 방법이 있을까?

여덟 살 수지는 학교에서 친구들에게 지속적으로 괴롭힘을 당했다. 읽기 수업 시간에 수지의 반 학생들은 돌아가며 책을 소리 내어 읽는다. 각자 한 단락씩 읽은 다음 읽을 학생을 지명하는 방식이다.

수지는 그 해에 딱 한 번을 제외하고는 마지막에 지명되었다. 마지막에 지명되지 않은 딱 한 번은 끝에서 두 번째로 지명되었는데, 그날 수지는 기분이 좋았다. 팔이 부러져서 깁스를 한 덕분이라고 생각했다. 반 아이들 모두 깁스에 관심을 보였으니까. 그러나 다음 날 읽기 시간부터 수지는 다시 마지막에 뽑혔다. 그녀가 자리를 골라 앉으면 그 주변에 있는 아이들이 모두 일어나 교실 반대편으로 가서 앉았다고도 했다.

어느 날 수지가 가장 무자비하다고 생각하는 여자아이 야스민이 수지를 '뚱뚱한 쩐따'라고 불렀다. 나중에 운동장에서는 남자아이들이 서로 "너 수지랑 결혼해라"라고 말하며 비웃었고 일부는 구토하는 시늉을 했다. 괴롭힘이 계속되자 수지의 자존감은 산산조각났다. 밤에 잠들기가 두려웠고 학교 가기 전에는 엄마에게 달라붙어 울었다.

상담소에 온 수지의 아버지에게 수지가 학교에서 어떤 일을 겪는지 설명해보라고 하자 그는 눈물을 흘리기 시작했다. 딸이 매일 그런 잔인한 일을 당한다는 생각에 견딜 수 없이 괴로워했다. 그와 아내는 수지가 괴롭힘당한다는 사실을 알았고 그걸 막으려고 선생님도 만나보았지만 괴롭힘이 심해지기만 했다는 사실은 몰랐다.

상담 중 수지의 아버지는 전날 밤에 수지를 재우면서 나누었던 대화를 말해주었다. 수지는 그에게 왜 자신이 학교에서 괴롭힘당하는 아이로 뽑혔는지, 왜 다른 아이들은 괴롭힘을 당하지 않는지, 왜 자기여야 하는지 물었다. 아버지는 가슴이 미어졌고 뭐라고 대답해야 할지 몰랐지만 수지에게 잘못이 있어서 그런 것은 아니라고 안심시켰다.

그가 떠올릴 만한 이유는 수지가 괴롭힘당하는 아이를 도와준 적이 있어서가 아닐까 하는 것뿐이었다. 수지는 괴롭힘에 동참한 반 아이들과 달리 괴롭힘당하는 아이를 위해 일어나서 그만하라고 말했을 것이다. 그 심정을 누구보다 잘 알기 때문이다. 안타깝게도 수지는 안심하는 것 같지 않았다. 그래서 아버지는 곁에 남아 수지가 잠들 때까지 안아주었다.

그다음 주에 수지의 부모는 학교 측에서 야스민의 부모를 만났다고 흥분된 목소리로 알려왔다. 이틀 전에 만났는데 수지가 그 후로 야스민과 어떻게 지내는지 말하지 않는다면서 상담 중에는 분명 말할 것이라고 했다. 그러나 상담을 받는 동안 수지는 슬퍼 보였기에 우선 카드게임으로 딱딱한 분위기를 깼다. 잠시 후 수지는 학교에서 무슨 일이 있었는지 입을 열었다.

"교장 선생님이 야스민을 만났어요. 전 상황이 나아질 거라고 생각했지만 그 애는 더 심술을 부렸어요. 학교에 있는 저의 유일한 친구마저 저에게 못된 짓을 하게 만들었다고요. 지금 그 친구는 야스민과 친하게 지내요."

상담사로서 나는 수지의 상처와 실망감에 공감하며 수지는 그런 대접을 받을 사람이 아니라는 것을 확실히 알렸다.

몇 주 뒤에 상담소에 온 수지는 매우 들떠 있었다. 그녀는 전교생이 모인 자리에서 받은 상을 가지고 왔다. 여러 번 칭찬을 들은 뒤에 수지는 이렇게 말했다.

"상 받아서 정말 신나요. 하지만 누가 친절상을 받았게요? 야스민이에요."

어떻게 그런 일이 일어날 수 있을까? 수지는 어안이 벙벙했지만 상담사의 관점에서 볼 때 이는 야스민이 어른들 눈에 띄지 않도록 아주 조심해서 못된 짓을 했다는 뜻이었다.

아이들과 달리 어른들에게는 괴로운 상황을 떠날 여력이 있다. 어른은 괴롭힘을 당하면 직장을 그만두거나 친구 관계나 결혼 생활을 정리할 수 있지만 아이들은 그렇지 않다. 아이들은 학교에 갈 수밖에 없다. 빠져나갈 길이 없어서 대부분 홀로 곤경에 처한다. 괴롭힘당한 일이 너무 수치스러운 나머지 부모에게 말하지 못하는 아이들도 많다. 그래서 괴로움이 계속된다.

열네 살 티나는 1년 정도 상담을 받고 있다. 심하지 않은 우울증이 있었지만 항우울제를 복용하고 주 1회 상담을 받으며 그럭저럭 잘 지내는 것 같았다. 그러나 어느 날 상담 받으러 와서는 눈물을 흘리며 친구들이 괴롭힌다고 털어놓았다. 친구들은 페이스북에서 욕하는 메시지를 보냈고 그녀에게 '짜증난다'거나 '뺑쟁이'라고 했다. 언젠가부터 점심시간에 그녀와 같이 앉지 않았고 학교에서 그녀를 피해 다녔다.

티나가 들은 최악의 말은 "죽어. 네가 없는 세상이 더 나으니까"였다. 당황하기도 했고 괴롭힘이 멈추기를 바랐기 때문에 티나는 이 일을 아무에게도 말하지 않았다. 부모님이나 선생님에게 말하면 친구들의 분노를 부채질해 그들이 더욱 복수심에 불탈까 걱정스러웠다. 그래서 괴롭힘을 견디며 새로운 친구들을 사귀려고 애썼다. 결국 원래 알고 지내던 친구들과 멀어지는 데 성공했지만 괴롭힘이 정말 심할 때에는 자살 충동을 몇 번 느꼈다고 했다.

아이들의 마음을
잘 이해하고 있을까

거의 모든 학교에서 학교 폭력 방지책을 마련하고 있지만 대부분 효과가 없는 듯하다. 10대 청소년은 대개 첨단기술을 이용해 괴롭힐 뿐만 아니라 사회적으로 배제하는 방법도 이용한다. 피해자의 친구를 자기편으로 만들어 사춘기 아이를 무리에서 따돌린다. 사이버 괴롭힘은 공격의 흔적이 남고 이를 추적해서 공격한 사람의 책임을 물을 수 있지만, 소속된 집단에서 특정 아이를 배제하지 못하도록 부모나 교사가 통제할 방법은 없다.

이렇게 사회적으로 배제하는 행위는 피해자에게 심각한 영향을 미치는데 때로는 중요한 발달 과정에 여러 악영향을 미쳐 삶을 바꾸어놓기도 한다.

10대 아이들에게 친구는 세상의 전부다. 사춘기 10대 청소년의 삶은 거의 모든 것이 친구와 연관되어 있다. 이들은 대부분 친구들과 만나 함께 있거나, 그렇지 않을 때면 방에서 온라인으로 친구들과 문자를 주고받거나 채팅을 한다.

이런 자녀와 일주일에 한 번이라도 함께 식사하거나 대화를 나눌 수 있는 부모라면 운이 좋은 편이다. 이는 청소년이 정체성을 확립하고 부모에게서 떨어져나가는 분리와 개별화 과정에서 발생하는 정상적인 현상이다.

청소년이라면 누구나 자기 정체성을 형성하고 확고히 하는 과정에서 불안을 겪는다. 불안하기 때문에 괴롭힘을 당하면 심리적으로 쉽게 영향을 받는다. 친구들에게 외면당하면 이들은 단순히 친구를 잃은 게 아니라 세상을 잃었다고 느낀다.

무엇보다 자기가 누구인지에 대한 감각을 잃어버린다는 것이 문제다. 이들은 친구들과의 관계에서 정체성을 확립하는데 교우 관계는 활동, 관심사, 취미, 학업 성취 등 청소년의 삶의 모든 영역과 관련되어 있다.

청소년기에 정체성과 자기감각을 확립하지 못한 사례는 스스로 목숨을 끊은 거너의 비극적인 사건을 통해 살펴볼 수 있다.

거녀가 자살한 뒤에 그와 가장 친했던 실라가 상담소에 왔다. 친구들은 모두 거녀가 친구가 많고 평온한 성격이었고 인기가 많았다고 입을 모았다. 우울이나 불안의 기미는 아무도 알아차리지 못했다. 실라는 모두 거녀를 좋아하고 그에게는 친한 친구가 많았다고 했다. 그녀의 말에 따르면 친구들은 문제가 생기면 거녀와 의논했다. 그가 얘기를 잘 들어주고 배려심이 많았기 때문이다. 실라가 화나면 거녀는 열 일 젖혀두고 그녀와 시간을 보내며 위로해주었다.

"거녀는 자신보다 친구들에게 더 마음을 썼어요. 자기보다 친구들을 우선했죠."

실라가 말했다. 실라의 말에 따르면 거녀는 자살하기 전날 밤에 어떤 젊은 여자와 함께 있었는데 그 여자는 거녀와 정반대의 성격인 것 같았다. 실라는 그 여자를 무심하고 무례하다고 설명했다. 친구들 말에 따르면 거녀는 그 여자를 좋아했다. 그날 저녁에 두 사람은 함께 술을 마셨고 여자가 거녀의 마음을 거절했다. 거녀는 심하게 우울해했고 감정적이었다. 그 여자에게 죽고 싶다는 뜻을 내비쳤지만 그녀는 신경 쓰지 않고 거녀를 혼자 두고 가버렸다. 얼마 뒤 거너는 자기 방 벽장에서 목을 맸다.

이 비극이 일어나게 된 원인은 여러 가지다. 정확하게 알아낼 수 없는 요인이 일부 있겠으나 몇 가지는 투사적 동일시가 작용했다는 것을 보여준다. 거너는 수용자였을 것이다. 그는 친구들이 괴롭힘당할 때 가장 먼저 나서서 옹호했다. 세심하고 공감 능력이 뛰어나며 사람들의 기분을 잘 맞춰주고 지나칠 정도로 상황을 책임졌다.

그날 오후에 거너는 친구들 몇 명에게 문자메시지를 보내 만날 수 있는지 물었다. 어쩌다 보니 다들 바빴고 거너는 이 일로 화가 났다. 친구들이 못 만난다고 한 것을 관계가 틀어졌다는 신호로 해석했을 수 있다.

또 다른 요인은 술이다. 거너는 술을 마셨는데 이 때문에 부정적인 정서와 심리 상태가 더 심해졌을 것이다.

마지막 요인은 투사자로 추정되는 사람을 만난 것이다. 여자는 거너를 아주 냉정하게 거절한 것으로 보이며 그의 죽음 이후에 그녀가 보인 행동 역시 투사자였을 가능성을 시사한다.

거녀가 죽은 뒤에 그 여자는 그의 자살에 동요하지 않고 아무런 감정을 느끼지 않는 것 같았다. 장례식에서 거녀의 부모는 그 여자에게 추도사를 하지 말라고 했으나 그녀는 요청을 무시하고 일어나 추도사를 했다.

그달 말에, 그러니까 그 여자가 거녀에 관한 무신경한 글을 온라인에 몇 번 포스팅한 뒤에, 거녀의 어머니가 그녀에게 포스팅에 아들 이름을 올리지 말라고 요청했다. 그러자 여자는 자기가 하고 싶은 일은 뭐든 하겠다는 말로 무례하게 앙갚음했다. 아들을 잃은 지 얼마 안 된 어머니의 마음을 전혀 공감하지 못한 것이다. 그 여자는 거녀가 자살하던 날 밤에도 극심한 공감 능력 부족을 보였다. 거녀가 죽고 싶다고 했을 때에도 그를 위로하거나 도우려 하지 않았다.

이렇게 스스로 목숨을 끊은 사건에 투사적 동일시가 일부 책임이 있다는 주장이 지나치다고 할지도 모르겠다. 그러나 앞서 설명했듯이 투사자는 수용자의 자존감에 지대한 영향을 미치므로 수용자는 스스로 쓸모없다고 느끼고 자기 존재를 수치스러워한다. 이들의 자존감은 암흑과 같은 절망에 빠진다. 약해질 대로 약해진 청소년의 정체성에 술이 더해지면 치명적인 결과를 초래할 수 있다.

자신이 수용자라는 것을 파악하도록 도우면 치명적인 결과를 예방할 수 있다. 어떤 아이를 단순히 자존감이 낮다고 생각할 것이 아니라 그들이 어떻게 스스로 가치를 깎아내리고 관계에서 이용당하는지 알려주면 수용자 처지에서 벗어나는 데 도움이 될 수 있다. 사춘기를 겪는 동안 청소년이 취할 수 있는 아주 영리한 방법 중 하나는 다양한 친구들을 사귀는 것이다. 한 무리의 친구들이 그를 괴롭히거나 따돌리면 다른 무리의 친구들에게 몰두할 수 있다.

가해자의 머릿속을
파악해야 한다

사이버상의 괴롭힘이나 사회적으로 따돌리기 외에 탈의실에서 괴롭히기 같은 고전적인 방법도 있다. 이는 피해자에게 모멸감과 굴욕감을 주며 괴롭히는 짓을 한 사람이 주도

할 때 발생한다. 이런 상황을 전해들으면 사람들은 가해자에게 당당히 맞서라고, 심지어 가해자의 얼굴을 주먹으로 한 대 치라고 조언하는 경우가 많다. 그러나 사람들은 일대일로 괴롭히는 가해자는 거의 없다는 사실을 잊고 있다.

괴롭힘 가해자는 가장 먼저 자기편을 모은다. 따라서 피해자가 체중 150킬로그램이 넘는 거구에 근육질이더라도 함께 괴롭히는 여덟 명을 상대할 수는 없다. 피해자에게 물리적인 폭력으로 자신을 지키라고 하면 걷잡을 수 없는 파국으로 치달을 수 있다.

오랫동안 폭넓고 체계적으로 괴롭힘을 당한 아이는 심리적으로 무너진다. 이런 아이에게 물리적 폭력을 써서 자신을 방어하도록 놔두면 이들은 머릿속으로 "무기를 사용해서 안 될 게 뭐 있겠어?"라고 생각한다. 심리적으로 무너지는 와중에 보복하라는 조언을 들으면 총기 사고 같은 극한의 폭력이 발생한다. 이 상황에서 폭력을 용납하면 물이 가득찬 둑이 무너져 물이 한꺼번에 거세게 쏟아지는 것과 마찬가지다. 역사를 돌이켜 보더라도 폭력은 폭력을 낳는다는 사실을 알 수 있다.

가해자에게 당당하게 맞서는 일이 중요하기는 하지만 적절한 경로를 통한 저항은 대부분 효과가 없다. 그렇다면 피해자는 어떻게 괴롭힘을 막을 수 있을까? 이들은 늘 불안을 숨기고 있는 가해자의 머리 꼭대기에 있어야 한다.

가해자가 피해자를 표적으로 삼은 이유는 자기 내면의 불안 때문이다. 이들은 피해자에게 정서적인 반응을 일으키기를 원하는데 주로 두려움이나 수치심을 주려고 한다. 피해자가 정서를 드러내지 않으면 가해자를 효과적으로 지치게 할 수 있다.

이제 가해자에게 꼬집어 알려주기에 가장 좋은 때가 왔다. 그들이 자신에게 만족하기 위해 누군가를 괴롭힌다는 것을 잘 안다고 알리자. 가해자의 동기를 파악하는 것이 가장 중요하다. 가해자가 왜 불안해하는지에 대한 단서를 찾을 수 있다면 피해자는 가해자의 약점을 더 잘 파헤칠 수 있다. 가해자는 자신의 운동신경, 몸매, 이성과 잘 지내지 못하는 점, 지능, 나이 같은 것 때문에 불안을 느낄지도 모른다. 피해자는 이를 파악하여 가해자에게 알려야 한다.

가해자는 심한 불안을 오만과 자기애로 메꾼다. 따라서

이들은 현실을 왜곡해서 바라보아 부분적으로 눈이 먼 상태다. 이 때문에 가해자는 쉽게 상처받는다. 피해자가 기지를 발휘하여 눈 하나 깜빡하지 않고 차분하게 방어할 방법을 찾기만 하면 기회가 온 셈이다. 가해자가 굴욕을 주려는 의도를 미루고 오히려 감정을 드러낸다면 피해자는 성공적으로 판도를 바꿀 수 있다. 이를 통해 가해자가 다시는 피해자를 괴롭히면 안 된다는 교훈을 얻기를 바란다. 피해자가 차분하고 자신감 있게, 단호하고 품위 있게 이를 해낸다면 괴롭힘에서 벗어나는 데 성공할 것이다.

이중 잣대를
버려야 한다

많은 사람들은 인종차별, 동성애 혐오, 성차별이 완전히 사라지기를 바란다. 그래서 변하려고, 차이를 받아들일 여지를 만들려고 싸워왔다. 여성은 투표권을 얻기 위해 투쟁했고 승리했다. 여러 소수집단이 국가라는 조직 안에서 대대적인 변화를 일으키려고 열심히 노력해왔다.

　그러나 오늘날에도 미묘한 고정관념이, 어떤 경우에는

과거보다 더 노골적인 편견이 존재한다. 동성애를 혐오하지 않는다고 주장하는 부모가 성인이 된 자녀의 성적 취향을 인정하지 않는 일은 흔하다. 잘못된 결혼 생활을 그만둔 여자들은 핍박당하고, 소수집단은 다수집단과 함께 사는 것 자체가 특권이라는 듯한 대접을 받는다.

여러 사회경제적 집단이 저마다 다른 시각에서 다양하게 세상을 바라보기도 한다. 이러한 흐름은 다양성을 더욱 폭넓게 받아들이는 소도시 중산층에게서 찾아볼 수 있다. 열심히 일하고 소박하게 살아간다는 공통된 신념이 공동체를 더 단단하게 묶어주기 때문인 것 같다. 상류층이 사는 미국 중서부 일부 지역에는 엘리트주의와 자기애에 빠진 수많은 사람들을 찾아볼 수 있다. 이들은 열심히 노력해 성공했지만 일부는 우월한 위치에서 특권을 누릴 자격이 있다고 생각한다. 따라서 시간이 지나면서 무신경함, 편협함, 자신에게 다른 사람을 판단하고 못살게 굴 권리가 있다는 잘못된 믿음 같은 것들이 생긴다.

이런 문화에서는 성공한 남편에게 정서적으로 학대당하

더라도 남편을 떠나는 일은 사회적 자살 행위다. 아이러니하게도 이런 사회에서는 유부남이 대놓고 외도하는 것이 용인된다. 이뿐만 아니라 유부남이 유부녀와 애정 행각을 하거나 키스하거나 동침하는 행위도 사회적으로 받아들여지는 분위기다.

외도로 남자의 사회적 지위가 상승하는 경우도 있다. 남자에게 이혼은 훌륭한 행동으로 간주된다. 아내가 그를 행복하게 해주지 못한다는 사실을 솔직하게 털어놓고 관계를 끝냈기 때문이다. 여자의 경우에는 정반대다. 여자가 돈 많은 남편과 이혼하면 남편이 폭력적이었더라도 여자에게 주홍글씨가 찍혀 사회적으로 대가를 치른다.

또 다른 고리타분한 견해는 자녀를 위해 부부가 반드시 함께해야 한다는 믿음이다. 가정이 온전한데도 우울장애 치료를 받는 아동과 청소년이 수없이 많다. 가정이 전통적인 개념으로 구성되었고 수입이 괜찮다고 해도 반드시 자녀를 정서적으로 안정되게 기르는 것은 아니다.

자녀가 자존감을 확고히 하고 증오가 아닌 사랑을 할 수 있도록 기르려면 건강한 부모와 사랑이 넘치는 결혼 생활이 필요하다. 부모가 서로 협력하지 않고 화를 낸다면 적대감이라는 구름 속에서 아이들이 고통받을 가능성이 높다.

파괴적인 부부 관계를 끝내면 아이들은 부정적인 환경에서 벗어나게 된다. 자신감과 사랑이 가득한 공간에서 양육하는 행복한 어머니와, 어머니를 모욕하지 않는 아버지 또는 아버지를 모욕하지 않는 어머니야말로 책임감 있고 이타적인 부모다.

병적인 결혼 생활이 지속되면 자녀들이 대가를 치른다. 딸들은 여성을 비하하고 여성을 존중하지 않는 관계가 정상이라고 믿으며 자랄 것이고, 아들들은 자신에게 다른 사람을 괴롭힐 권리가 있다고 믿으며 자랄 것이다. 인간은 친절과 존중을 바탕으로 사랑받고 사랑하기 위해 태어났다.

삶 속 진짜 영웅들의
이야기

투사적 동일시의 문제는 반복된다는 점이다. 또한 병적이라는 점에서 정말 끔찍하다. 청소년이 괴롭힘을 당하든, 결혼 생활에서 남편이나 아내가 부당한 대우를 당하든, 직원이 직장에서 지속적으로 괴롭힘을 당하든, 아이가 부모에게 끊임없이 비하당하든, 모든 투사적 동일시는 바람직하지 않으며 중단되어야 한다.

괴롭힘은 정말
일상다반사일까

주관적인 기준에 따라 다른 사람을 판단하고 비난할 권리가 있다는 믿음은 지나친 자기애 때문이다. 사실 이런 믿음의 내용은 대부분의 종교에서 가장 중요하게 생각하는 가치와 정반대다. 그럼에도 사람들은 생각 없이 이러한 악행을 반복한다.

괴롭히는 것이 괴롭힘을 당하는 것보다 이렇게나 쉬운가? 매일 증오와 정서 파괴를 원동력으로 삼아서 남에게 고통을 주고 싶은가? 사회 구성원으로서 정녕 이렇게 살고 싶은가? 우리 인간이 이 정도로 나약하다니 믿기지 않는다. 학교 폭력 추방 캠페인을 실시한 지 오랜 세월이 지났지만 예나 지금이나 별 효과가 없어 보인다.

인기 있는 아이들조차 괴롭힘이 흔히 일어난다고 인정한다. 십대 청소년 재키는 이렇게 말했다.

"괴롭히는 건 정말 나쁜 짓이지만 학교에서 매일, 매초 일어나요."

왜 그런 일이 일어나느냐는 질문에 재키는 "부모님에게 배우는 거죠"라고 대답했다. 그녀는 함께 학교를 나서던 어머니가 같은 반 아이에 대해 했던 말을 설명했다. 재키의 어머니는 "그 애는 옷을 제대로 입지도 않았더구나. 헤퍼 보이게"라고 했다. 재키는 어머니에게 돌아서서 외쳤다.

"엄마! 그 친구한테 무슨 사연이 있는지도 모르시잖아요. 걔가 얼마나 힘들게 사는데요."

또 다른 아이 실라는 이렇게 말했다.

"복도를 걸어갈 때마다 넷이서 한 명을 괴롭히는 걸 봐요. 학교 폭력 금지 집회를 열어서 연설도 하지만 하루만 잠잠할 뿐 괴롭히던 애들은 다시 잔인한 모습으로 돌아가죠."

영웅은
평범한 사람이다

괴롭힘(투사적 동일시)의 영역 밖에 있는 평범한 개인이 보여주는 놀라운 힘과 성품에도 주목해야 한다. 동료이자 이웃인 주변 사람들에 대해 엄청난 공감 능력과 인정을 보여주는 사례는 남녀노소 가릴 것 없이 무궁무진하다. 그중 몇 가지를 살펴보자.

● 2013년 5월 11일 십대 아이들이 긴 리무진에 타고 졸업무도회로 향했다. 그러던 중 근처에 있던 승합차 한 대가 통제 불능 상태로 미끄러져 측면 난간을 들이받은 다음 뒤집혔다. 턱시도와 드레스를 차려입은 아이들과 리무진 운전사는 승합차에 탄 승객을 도우려고 차를 세웠다. 여기저기 묻은 피와 뾰족한 금속 때문에 무도회복이 더러워지고 찢어졌지만 아이들과 운전사는 힘을 모아 갇힌 승객들을 구조했다. 승객 중에는 시트 아래에 깔린 남자아이도 있었다.

● 콜로라도주 덴버에 사는 메리 버시는 아들과 산책하던 중 3층 발코니에 뭔가가 매달려 있는 것을 보았다. 급히 달려가서 보니 어린아이였다. 그녀는 아래에 서서 기다리다가 떨어지는 아이를 조심스럽게 받았다. 아이는 하나도 다치지 않았다.

● 미시간주에 사는 열네 살 제임스 패터슨은 동생 둘을 돌보고 있었다. 그때 쾅 소리가 크게 나더니 어떤 여자가 집 현관 계단에서 소리 지르며 도움을 청했다. 제임스가 문을 열자 얼굴이 멍들고 피투성이가 된 채 투명 스카치테이프로 몸이 묶인 여자가 서 있었다. 여자는 성폭행을 당하고 총으로 협박당하던 중 차에서 뛰어내렸다고 했다. 제임스는 여자를 재빨리 집 안으로 들이고 문을 전부 잠갔다. 그리고 사냥용 칼을 쥐고 여자와 동생들에게 욕실로 가서 문을 잠그고 있으라고 했다. 긴급전화 911에 전화하는 동안 범인 에릭 램지가 문을 두드리며 외치는 소리가 들렸다.

"죽어버릴 거야!"

집 안으로 들어오지 못한 램지는 집 주변에 휘발유를 뿌리고 불을 붙였다. 다행히 구조대가 도착해 불을 껐다. 범인은 달아나다가 총에 맞아 죽었다.

- 펜실베이니아주에 사는 테마르 보그스와 그의 여자친구 크리스는 자전거를 타고 가다가 한 차량의 앞좌석에 앉은 여자아이가 뉴스에서 본 실종아동과 인상착의가 똑같다는 사실을 알아차렸다. 그들은 자전거를 타고 그 차를 쫓아갔다. 누군가가 자신을 알아보고 쫓아온다는 것을 알아차린 유괴범은 그 다음 신호에 정차했을 때 아이를 차 밖으로 내보냈다.

- 2011년 콜 드비셔는 차디찬 강물에 파란 재킷이 떠 있는 것을 보았다. 당황해서 차를 세우고 자세히 보니 얼어붙은 강물에 남자아이가 끼어 있었다. 그는 자기 트럭에 재빨리 견인용 로프를 묶고 아이를 물 밖으로 끌어내려 했다. 아이가 손이 얼어붙어서 줄을 잡지 못하자 드비셔는 로프를 고리 모양으로 만든 다음 올가미를 걸

듯이 던져서 아이의 가슴팍 둘레에 밧줄을 씌워 무사히 끌어냈다.

- 2013년 5월 8일 캘리포니아의 새크라멘토 밸리Sacramento Valley 고등학교 주차장에서 한 어머니가 딸을 차에 태우려다가 앞차를 들이받았다. 깜짝 놀란 어머니는 딸이 차 뒤에 있는 것도 모르고 후진했고 딸은 차에 치여 밑에 깔렸다. 근처에서 연습하던 야구팀이 피가 얼어붙는 듯한 어머니의 절규를 들었다. 그들은 운동장 담장을 뛰어넘어 도우러 왔다. 야구팀 학생들은 차를 둘러싸고 서서 한꺼번에 차를 들어올렸고 코치가 여자아이를 무사히 끌어냈다.

- 자말 해리스와 애런 아리아스는 차를 타고 가다가 정지신호에 멈춰섰을 때 앞차 뒷좌석에 탄 여자를 보았다. 뒤돌아본 여자는 겁에 질려 있었다. 그녀는 뒷유리창을 두드리며 '도와주세요'라고 입을 벙긋거렸다. 두 젊은이는 여자에게 문제가 생겼음을 알고 앞차를 쫓아갔다. 이

들은 긴급전화 911에 전화했고 경찰이 범인을 체포할 때까지 차량 물결 속에서 이리저리 방향을 틀며 앞차를 계속 쫓았다.

- 버지니아 공대Virginia Tech에서 대형 총기 난사 사건이 벌어지는 동안 홀로코스트 생존자인 리비우 리브레스쿠Liviu Librescu 교수는 몸으로 강의실 문을 막아섰고 그 덕분에 대부분의 학생들이 창문으로 도망칠 수 있었다. 리비우 교수는 문을 뚫고 들어온 여러 발의 총알에 맞아 사망했다.

투사자를
막아라

평범한 사람들이 자기 생명을 잃을 위험을 무릅쓰고 전혀 모르는 사람을 도운 영웅담은 셀 수 없이 많다. 그러나 대부분의 일상 속 관계는 그와 정반대인 듯하다. 모멸감을 주고 비하하여 누군가의 정서를 파괴하는 행위는 그 어느 때보다 만연한 것 같다. 더 기운 빠지는 사실은 그 대상이 배우자, 동급생, 친구, 동료, 고객을 비롯해 우리가 소중히 여기고 보호해야 할 사람들이라는 점이다.

왜 그럴까? 왜 우리는 사랑할 수 있는데 미워할까? 어떻게 많은 사람이 타인에게 공감하지 못하는 무정한 인간으로 퇴화하고 마는 것일까?

바로 투사적 동일시 때문이다. 투사적 동일시는 결혼 생활, 교실, 사교 모임, 직장 등 두 사람 이상이 함께 존재할 때에만 일어난다. 또한 투사자가 있어야만 일어난다. 투사자는 투사자를 낳으므로 이 반복 순환하는 역학을 중단하려면 투사자를 막는 수밖에 없다.

투사자가 남을 괴롭히고 학대하는 행위를 멈추지 못할 수도 있지만, 투사자가 아닌 세상 사람들이 그 행위에 동참하지 않을 수는 있다. 투사자가 아닌 사람들이 정중하고도 단호하게 투사자에게 맞선다면 이 역학을 끝낼 엄청난 힘을 발휘할 수 있다.

그 방법도 통하지 않으면, 투사자의 머리 꼭대기에 올라서야 한다는 사실을 기억하자. 우리의 내면은 타인이 우리에게 투사하는 증오보다 더 강하다. 따라서 자신의 장점, 자질, 재능이 허락하는 모든 방식으로 앞서나가는 인생을 삶으로써 투사자를 이길 수 있다.

영원히 계속되는
테러

학교 총기 난사 사건, 폭발물 테러, 비행기 납치, 인질극 같
은 테러 행위는 피해자에게 끔찍한 공포를 안긴다. 생존자
들을 대상으로 이러한 경험이 끼친 영향을 조사한 결과 정
신적 외상, 특히 장기적인 정신적 외상은 두뇌를 변화시킨
다는 사실이 밝혀졌다.

　정신적 외상을 겪는 동안 희생자는 심리적, 정서적, 신체

적으로 과다 각성 상태에 놓이는데 두뇌는 이런 경험을 정
상적인 기억과 동일하게 처리하지 못한다. 이런 경험은 산
산이 해체된다. 이때의 정서는 보고 듣고 냄새 맡는 등 피
해자가 경험한 감각과 분리된다.

해체된 기억은 다른 기억처럼 두뇌 한쪽에 저장되지 않
고 산산조각난다. 그 기억의 조각은 두뇌 안을 떠다니다가
수면 위로 솟아올라 피해자를 공황에 빠뜨린다. 때로는 피
해자의 감각에 남아 있던 경험 때문에 끔찍한 정서가 맹공
격을 퍼붓기도 한다. 이러한 공격은 어느 때고 일어날 수
있는데, 이를 플래시백flashback(과거의 기억이나 느낌, 지각 경험
이 반복되는 현상-옮긴이)이나 공황발작이라고 부른다.

저장되지 않은 정서뿐만 아니라 생각도 밀려와 엄청난
재앙을 일으킬 수 있다. 정신적 외상을 초래한 경험과 관
련된 불편하고 강렬한 생각이 피해자를 압도하여 공포 상
태로 마비시킬 수 있다.

플래시백, 악몽, 불안감을 일으키는 생각, 공황발작은 모
두 외상 후 스트레스 장애Post Traumatic Stress Disorder, PTSD 증

상이다. 가장 극심한 PTSD 증상은 해리^{dissociation}다.

해리는 모든 사람이 이용하는 방어기제로 심하지 않으면 정상이다. 백일몽이나 '멍 때리기'는 잠시 단조로운 일상에서 벗어나기 위한 적응 방식이다. 그러나 정신적 외상이 있는 경우 극심한 해리가 나타날 수 있는데, 단기적으로는 방어기제로 작용할 수 있지만 장기적으로는 문제가 된다.

예컨대 미친 사람이 피해자의 관자놀이에 총구를 겨누고 있는 상황에서 피해자는 정신을 놓지 않고 심리적으로 이 상황을 견딜 수 있도록 무슨 일이든 해야 한다. 이때 피해자는 정신을 다른 곳으로 떠나보낸다. 벽에 얼룩을 응시하며 '어쩌다가 얼룩이 생겼을까' 하고 생각할 수도 있다. 많은 사람이 어느새 자기 몸에서 빠져나와 위에서 자기를 바라보는 경험을 한다.

정신적 외상을 초래하는 상황에서 잠시 벗어나 자신을 지탱하기 위해 피해자는 정신적으로 무엇이든 할 것이고 해야 한다. 사건이 벌어지는 동안에는 해리를 이용해 잠시 자신을 지킬 수 있지만 장기적인 관점에서 해리는 피해자의 신경에 문제를 일으킨다.

해리가 발생하면 피해자는 정신적 외상을 초래한 사건을 일목요연하게 기억할 수 없다. 잘 정리되지 못한 기억은 사건 당시에 느꼈던 정서와 함께 두뇌에 저장되지 않고 떠다니다가 마침내 잊힌다. 그러다가 기회가 있을 때마다 불쑥 솟아올라 피해자를 집어삼킨다. 이뿐만 아니라 해리가 의식적 자각을 방해하는 경우도 있다. 이렇게 되면 피해자는 감정이나 책임감 없이 행동한다.

정신적 외상을
극복하는 법

정신적 외상을 초래한 사건에서 느낀 극심한 공포가 사건이 발생한 지 몇 달이 지나도 계속 수면으로 떠오르면 피해자는 다음과 같은 몇 가지 유형의 괴로운 반응을 보인다.

1. 그 감정에 굴복해 극도로 우울해지고 무기력해진다.

2. 공격자와 자신을 동일시해 폭력성을 보인다.

3. 약물이나 술에 의존해 벗어난다.

4. 전문가의 도움을 받는다.

폭력을 경험한 뒤에는 피해자가 투사자인지 아닌지 파악하는 것이 중요하다. 테러나 정신적 외상을 초래한 사건의 피해자가 투사자라면 이들이 남을 더 심하게 괴롭히고 위험에 빠뜨릴 가능성이 높다. 투사자의 정서는 이미 부서지기 쉽기 때문에 투사자는 투사의 필요성을 더 강하게 느낀다. 여기에 정신적 외상이 주는 공포가 더해지면 그나마 이들에게 남아 있던 미약한 자존감은 거의 파괴된다.

투사자는 다른 사람을 산산조각내는 데에서 안정감과 안전을 느낀다. 따라서 이들은 정신적 외상을 경험한 뒤에 투사의 필요성을 전보다 10배로 느낀다. 이들은 실제든 상상이든 계속 위협을 받는다고 느끼면 가능한 모든 방식을 동원해 누구든 파괴할 권리가 있다고 생각한다. 원래 쉽게 화내던 투사자의 분노는 통제할 수 없을 정도로 심해질 것이다.

샌디훅$^{Sandy \ Hook}$ 초등학교 참사가 발생한 뒤 1년 동안 학교 총기 난사 사건이 24건 발생했다. 사건 모두 범행 동기는 다른 학생을 응징하고 싶어서였다. 범인들은 과거에 부당한 괴롭힘을 당해서 복수하고 싶다고 느꼈다. 성적으로 학대를 받은 범인도 있었고, 친구들과 관계를 유지할 수 없게 된 일을 거절이자 공격으로 받아들인 범인도 있었으며, 괴롭힘을 당한 범인도 있었다. 그러나 이들에게는 공통점이 한 가지 있었다. 이들은 모두 비난을 표면화했고 복수를 위해 사람들이 다치기를 원했다.

증오 대신 사랑을,
파괴 대신 도움을

미국 역사상 최악의 총기 난사 사건으로 꼽히는 콜럼바인^{Columbine} 고등학교 사건, 버지니아 공대 사건, 샌디훅 초등학교 사건은 이를 잘 보여준다. 이 사건들의 범인은 모두 성격장애가 있었고 투사자였다. 모두 몇 년 동안 사회 변

두리에서 맴돌았다. 총격범들은 학교 친구들과 긍정적인 관계를 유지할 수 없었고 이를 매우 개인적으로 받아들여 단체로 자신을 거부했다고 생각했다. 자신이 피해를 입었다고 느꼈고 피해자로서 맞서 공격하는 것이 당연하다고 생각했다. 그렇게 함으로써 거부당하고 나약하다고 느끼는 대신 용감하고 힘 있다고 느꼈다. 이처럼 마음이 뒤틀린 이들은 스스로 영웅이 된 기분이었다.

투사자가 테러 피해자가 될 경우, 이들이 집에서뿐만 아니라 바깥세상에서도 사람들을 공포에 떨게 하며, 폭력과 정신적 외상이 지속되게 할 가능성이 높다. 투사자가 연루되면 기회가 있을 때마다 증오와 파괴를 반복하고 재생산하여 폭력이 폭력을 낳게 된다.

피해자가 수용자인 경우 반응은 다르다. 죄책감을 쉽게 느끼고 상황에 대해 과하게 책임지는 성향이 있는 수용자는 살아남았다는 심한 죄책감에 시달린다. 우울, 불안, 수치심이 오랫동안 이들을 갉아먹는다. 희망이 있다면 이들은 자기를 돌아보고 인식하기 때문에 전문가에게 도움을 구할 것이다.

이윽고 잃어버린 것들에 마음 아파하고 목숨을 잃은 희생자를 위해 싸울 방법을 찾는다. 이들은 이러한 대의명분을 옹호하며 폭력을 반복하지 않고 끝내려고 애쓰며 살아갈 가능성이 높다. 이처럼 수용자가 보이는 훨씬 건강하고 인간적이고 발달된 반응은 폭력을 확산하기보다 중단하는 데 도움을 준다.

샌디훅 사건으로 자녀를 잃은 부모를 추적 조사한 결과, 힘을 모아 고통을 강력한 사회적 지지로 바꾼 사람들의 놀라운 이야기를 들을 수 있었다. 순진무구하고 예쁜 아이가 테러의 대상이 되어 어른의 총에 맞아 죽은 일은 상상하기 힘들 정도로 비극적이다. 이 부모들이 가해자가 의도적으로 폭력을 행사해 순진무구한 자녀를 앗아간 세상에서 계속 살고 있다는 것은 기적이다.

어쨌든 이들은 살아가고 있다. 이들은 복수하지 않았고 몇몇은 어린 자녀를 둔 가정을 돕는 자선단체를 만들었다. '딜런이 만든 변화의 날개Dylan's Wings of Change'라는 이름의

이 단체는 자폐아를 지원한다. 인간의 경험 중 가장 고통스러운 경험을 견뎌온 딜런의 부모는 복수하고 싶은 마음을 남을 돕는 열망으로 바꾸었다. 증오 대신 사랑을, 파괴 대신 도움을 선택하고 고통이 아닌 기쁨을 만들어내기로 결심하여, 테러를 저지르는 대신 평화를 찾고 있다.

다른 사람을 괴롭힐
권리란 없다

'어떤 사람이 다른 사람보다 더 중요하다'라고 믿으며 계급주의적 관점에서 행동하는 사람은 폭력을 낳는 병적인 위치에서 살아간다. 다른 사람에게 모멸감을 주고 다른 사람을 비난하고 괴롭히고 따돌릴 권리는 아무에게도 없다. 돈이 얼마나 많든, 학위가 몇 개나 있든, 어떤 사교 모임에 속해 있든, 어떤 교회에 나가든, 결혼한 지 몇 년이 되었든, 이런 것들로 어떤 사람이 다른 사람보다 중요해지지는 않는다.

생명체로서 인간이 지니는 가치는 보편적이다. 사람들은 각자 다른 방식으로, 각자 지닌 서로 다른 능력과 재능으로 사회에 기여한다. 우리 사회는 벌어들이는 돈, 점수, 등수, 학위의 개수, 소유한 차의 대수처럼 인간에게 가치를 부여하는 숫자로 가득하다.

이 숫자가 상징하고 대변하는 가치에 그 사람의 성품은 포함되지 않는다. 동료 인간에게 인정을 베푸는 능력, 다른 사람을 친절하게 대하는 마음, 짓밟히고 상처받은 사람들에게 마음을 쓰는 능력, 열린 마음으로 아이들을 양육하고 이타적으로 사랑하는 성향 같은 것들은 설명하지 못한다. 친절, 인내, 공감, 세상을 평화롭게 유지하려는 노력 같은 것을 숫자로 표현하거나 등수를 매길 수 있다면 우리 사회는 훨씬 더 발전된 길을 걷게 될 것이다.

미국에서 학교 총기 난사 건수는 크게 증가하고 있다.

친구에게 지독하게 괴롭힘을 당하거나 정서적으로 학대 당하는 아이들의 수는 천문학적이다. 정서적 폭력을 겪고 나서 자살하거나 자해하는 젊은이들의 비율은 믿기 어려울 정도로 높다.

우리 아이들을 안전하게 지키고 싶다면 계급이 아니라 성품을 소중히 여겨야 한다. 폭력을 끝내기 위해 투사자를 반드시 바로잡아야 한다. 옳은 일을 위해 일어설 힘과 능력을 기르려면 우리 모두 내면을 살펴야 한다. 여럿이 모이면 힘이 된다는 것을 투사자와 괴롭히는 사람들이 입증했듯이, 선량한 사람들도 연대하고 친절과 사랑을 베푼다면 이를 증명할 수 있다.